シン・ノーサイン野球の授業

チームを勝たせる頭脳の磨き方

中野泰造
Nakano Taizou

ベースボール・マガジン社

はじめに

「ノーサイン野球」とは？

「ノーサイン野球」と聞くと、どんな野球を想像しますか？

通常の野球では、監督がサインを出して、チームや選手をコントロールして試合を進めていきます。

それに対して、ノーサイン野球では、監督は一切サインを出しません。監督がチームや選手をコントロールするのではない。選手が主体となり、自分たちで考えながら試合を進めていく。一般的には「選手が自由にプレーする」というイメージが強いと思います。

私が選手たちと培ってきたノーサイン野球は、少し異なります。

私はサインを出しませんし、選手間でサインをつくったり、出したりしているわけでもありません。選手が主体となって試合を進めます。ただし、「ここは打ちたいから、打つ」といった自分勝手な考え、わがままでは困ります。「勝つために、こういう状況ではこうする」という鉄則やチームの共通理解があります。

日ごろの生活や練習から、選手の感性を育てる。その積み重ねのなかで、選手が1球に対する準備、対応力、判断力を身につける。試合中はチームの共通理解のなかで、選手が自分たちで感じ、考えながら試合を進めていく。そんな野球です。

私がこのノーサイン野球の道に入ったきっかけは、1986年。奈良県の教諭になって9年目のことでした。3校目の職場である奈良県立桜井商業高校（現在の奈良県立商業高）に赴任して、6年目を迎えていました。

この年の夏の大会では優勝候補の一角に挙げられながら、3回戦で敗退。悔しさを胸に、秋に向けての新チームを結成する……はずでした。

ところが、翌日――。練習のために学校に行くと、2年生の選手が全員、退部していたのです。残ってくれたのは、マネジャー一人でした。

今思えば、当時の私は選手やチームのことよりも、私自身の思いを大切にしていました。桜井商業高に転勤したのが26歳。ただ若いだけの指導者でした。ただただ長時間の激しい練習を課したため、辞めていく部員も多かった。それでも春、夏、秋の県大会でベスト8に進出するようになっていました。そうして迎えたこの1986年には、力のある1年生たちが入部。私はそのうちの3人を春先からレギュラーとして起用しました。その結果、3回戦で敗退したことが、2年生たちが退部するきっかけになったのだと思います。

この問題は学校内ではおさまらず、地域の社会的な問題にまで発展し、厳しい批判を受けました。

当初、私は「原因は生徒たちにある」と考えて事態に対処していました。しかし、時が経つにつれ、「そうではない。大きな過ちは自分自身の中にある」と気づき始めました。

監督としての自分。教諭としての自分。人としての自分。相手のことを理解しようとしていない。何より、自分自身のことがわかっていない……。考えに考えぬく日々が続きました。かなりの時間を要して、ようやく「自分が変わらなければ、何も変わらない」という心境にたどりつきました。

それからは指導方法や練習の内容など、すべてを変えました。いちいち口を出すのではなく、まず選手たちを見守ることを自分に課しました。そして、野球というゲームを徹底して見直し、学び直しました。

すると、「自分は野球のこと、勝負のことがまったくわかっていなかった」と気づいたのです。私の選手起用や采配で、かなりの試合を落としていたことも、わかりました。

私は日常生活と練習の重要性を変革の一番目に掲げました。「優勝」をはっきり見すえて目的意識を高め、しっかりした考え方で野球に向き合えるように、ミーティングで選手たちにこう語りました。

「監督に指示されたプレーだけにとらわれるのではなく、試合の流れや相手チームの雰囲気を感じ取り、試合状況を的確に判断して、それに応じたベストのプレーを選択して試合を進めることができるチームになってほしい。自分で考え、仲間と相談して、決断して行動する。常識やセオリーといった、重く固い殻を破っていく選手になってほしい」

それからというもの、夢と希望、さらに情熱を持って、野球のこと、選手のこと、チームづくりのことを考えていくのが楽しくなりました。2年後。退部騒動のときの1年生が3年生になった春に、奈良大会で準優勝。それ以降はどの大会でもベスト4、ベスト8まで進むようになりました。そして、1991年4月。山口県下関市にある東亜大の野球部の創部と共に転職。監督に就任して、桜井商業高で育んできた野球をさらに進化させ、磨いていく場を与えていただきました。

1994年の秋。野球部1期生として入部してきた選手たちが最終学年となった年に、第25回明治神宮野球大会に初出場して、初優勝を果たしました。地方の無名の大学が法政大学、東海大学、青山学院大学という名門大学を破った末の優勝。それだけに新聞、雑誌等に大きく取り上げられました。

そんななかで、下関市まで取材に来てくださったある記者の方が私と話しているうちに「東亜大の野球は、ノーサイン野球ですね」と言って、紙面に掲載してくれました。それ以来、私が選手たちと培ってきた野球が「ノーサイン野球」と呼ばれるようになりました。

私自身は、この独特の野球が「ノーサイン野球」だとはまったく思っていません。自らそう呼んだことも一度もありません。そのため、本書ではあえて「シン・ノーサイン野球」と表現します。シンと発声する言葉はさまざまあります。「新」「深」「真」「心」「信」……。あるいは「シンキングのシン」……。本書を手にしたみなさんがそれぞれ自由に、その意味を感じていただければうれしく思います。

私がこのノーサイン野球の道に入ってからは、指導するチームの勝率が高くなっていきました。角度をかえてみると、この野球は「小よく大を制す野球」であり、「弱者が強者を倒す野球」。日本一を目指すには、うってつけの「シンキング・ベースボール」なのです。

私はシン・ノーサイン野球の極意を読者のみなさまにお伝えするために、本書を書く決意をしました。

第1章では、シン・ノーサイン野球について、はじめに理解してほしいことを述べます。

第2章から第4章では、私の実際の指導を紙上で再現します。第2章の基礎編、第3章のレベルアップ編、そして第4章の実戦編と読み進むうちに、私が選手たちを指導する際に何を見て、何を考え、どう伝えているかを知っていただけると思います。

第5章では、過去の試合を振り返りながら、私の野球観や着眼点を解説します。

第6章では、シン・ノーサイン野球をさらに深く知るために、事例や考えかたを紹介します。

全国には「日本一になりたい」「甲子園に出場したい」「勝ちたい」と一生懸命努力を重ねながら、壁にぶつかっているチームがたくさんあると思います。そんな方々にシン・ノーサイン野球を知ってもらい、なんとか壁を破ってほしい。チームのみんなで勝利の喜びを分かち合ってほしい。そう強く願いながら、書き進めていきます。

目次

指導1日目…29

指導2日目…85

第3章 「授業」の紙上再現Ⅱ　レベルアップ編

第4章 「授業」の紙上再現Ⅲ　実戦編

第5章 試合で野球観と観察力を磨く

第6章 シン・ノーサイン野球の探究

＊本文中の人名のあとのカッコ内の表記は所属チームの経路を示しています。現在の所属には「現」を入れています。いずれも所属は本書発行時のものです。

デザイン　シーツ・デザイン
写真　ベースボール・マガジン社
構成　佐伯要
校閲　戸田道男

第1章

シン・ノーサイン野球の根底にあるもの

チームの勝利に勝るものなし

最近の高校野球の試合を見ていると、「能力の高い選手が多いな」と感心します。その反面、気になることがいくつかあります。

- ゴロやフライを打って、全力疾走しない選手が多い
- スキを突いて次の塁を狙おうとする選手が極端に少ない
- ボールから目を離す選手、ボールと走者に背を向ける選手が目立つ
- 「何もサインは出ないだろう」という場面でも、ほとんどの選手が1球ごとにベンチを見ている。投手や捕手はピンチになればなるほど、ベンチを見る回数が増える
- 意表を突くプレーがほとんど見られない。つまり、「次に何をしてくるか」がほとんど読み取れる
- 「次につなぐ」「後ろに回す」という打撃や、進塁打が少ない
- 「あきらめたな」と感じられる瞬間が何度もある

少しだけ見かたや考えかたを変えれば、もっと野球が面白くなるのに……。そう感じながら試合を見つめています。

野球がチーム競技ではなく、個人競技になっている。そんな気がしてなりません。

能力が高い選手、素質がある選手を集める。科学的なトレーニングで筋力を向上させ、体格や体力にものを言わせた野球をする。速い球が投げられる投手陣と、遠くへ飛ばす打撃力で勝つ。要するに「力勝負」の野球になっていると感じています。

力のないチームが、力のあるチームに「力勝負」で勝とうと思っても、なかなか勝てません。結局、個の力のある選手が揃わないと、勝利をものにすることができないのではないか——。指導者としては、そういう思いに陥りがちです。

選手のスカウティングは、やるべきです。ただ、指導者にとって大切なのは今、自分の目の前にいる選手たち。縁あって出会った選手たちに感謝しなければなりません。その選手たちを育て、チームを強くしていく使命と責任があります。

そこに辛さや苦しみがともなうのは当然です。そこから逃げても、どこまでも追いかけてきます。しかし、正面から向き合って取り組めば、必ず喜びに変わります。この一点を信じて、人づくり、チームづくりに励んでいきたい。私はそう思っています。

この本を手にとってくださったあなたに問います。

「自分は5打数4安打、4本塁打で4打点。でも、試合には4対5で負けた」

「自分は5打数ノーヒット。でも、試合には2対1で勝った」

どちらがいいですか？

野球は、チームプレーの結晶です。試合の流れや得失点差などに関係なく、個々が「とにかく思い切り打ちたい」「とにかく思い切り投げたい」という考えかたで試合に臨むと、勝利から遠ざかります。

「チームの勝利に勝るものはない」。この言葉は私が人づくり、チームづくりをするうえで、最も大事にしている理念です。チームの勝利に向かって、全員が心と力を結集する。いろいろなことを考えて、工夫して、努力して、勝つための方法を生み出していく。そこに野球の夢とロマン、喜びと楽しみがあります。

指導者も選手も、いま一度このことを認識してほしい。チームプレーに磨きをかけ、自分のチームにしかできない野球をやってほしい。私は、そう強く願っています。

ノーサインでも、チームの共通理解はある

打ち勝つ野球。言葉で聞くと、とても華やかですね。でも、練習でどれだけいい打球を飛ばしても、試合で適時打や本塁打が出るかどうか、わかりません。

シン・ノーサイン野球では、「打っても3割」の打撃には頼りません。頼るのは感性であり、頭(考えかた)です。言いかえると、観察力や対応力、判断力を使って、得点できる確率の高いプレーを選択していきます。

最近は、遠くへ飛ばすこと、速い球を投げることしかやっていないチームが多い。裏を返すと、

力勝負には対応できるけれど、感性や頭を使った野球に対応できないチームがどんどん増えています。そんな時代だからこそ、シン・ノーサイン野球が小よく大を制す野球、弱者が強者を倒す野球なのです。

シン・ノーサイン野球に「こういう状況ではこうする」というチームの共通理解があることは、「はじめに」でお伝えしました。それはパターン化、ルール化されているわけではありません。

野球ではたった1球で攻防の場面が変化して、選手の心理、監督の采配が変わります。走者が塁上にいれば、緊張感がより高まる。走者がいる塁、アウトカウントやボールカウントによって作戦は目まぐるしく変わります。投手は走者をけん制し、打者と駆け引きして、いかに抑えるかに気を配らなければなりません。

では、野球の試合における状況は、何パターンあるでしょうか？

アウトカウントは「無死」、「一死」、「二死」の3パターン。

走者の状況は「走者なし」、「一塁」、「二塁」、「三塁」、「一、二塁」「一、三塁」「二、三塁」「満塁」の8パターン。

ボールカウントは、ボールが「0ボール」、「1ボール」、「2ボール」、「3ボール」の4パターン。ストライクが「0ストライク」、「1ストライク」「2ストライク」の3パターンなので、12パターン。

これだけで3×8×12＝288パターンです。

さらにイニング、点差の状況があります。細かく言えば走者、打者が誰なのかも考えなければなりません。もっと言えば、球種、相手の守備位置、打者の立ち位置……。まだまだあります。天候、気温、太陽の位置、風向き、グラウンド状態……。これらの状況が1球ごとに変わるなかで、パターンに当てはめて対応するのは、そもそも無理です。

1球ごとに変わる状況に対応するには、選手個々の判断力、チームの共通理解が不可欠です。では、それらをどうやってつくっていくのか？

練習でつくっていく。生活（学校生活、寮生活）でつくっていく。日ごろからの積み重ねで、選手間の意思統一をはかっていく。これしかありません。

その方法の一つが、選手のプレーや行動に対して「なぜそれをしたのか？」と訊くことです。今はどういう状況なのか。何を見て、どう考えて、そのプレーを選択したのか？　指導者がしつこく問いかけて、大事なことをすり合わせていきます。

具体的なやりとりの例は2章以降でくわしくご紹介しますが、はじめは初歩的なことから。たとえば、選手の喜怒哀楽がプレーや表情、しぐさに出たとします。練習のときからそれを見逃さずに、「今、君は何を考えとったんや?」と突き詰めていく。

たいていの選手は「いいえ」と答えます。「それじゃあ日本語の会話になっていない。せめて『何も考えていませんでした』と答えろよ」というレベルから始めます。

なかには指摘されて、「え？　そんなしぐさ、してましたか？」と驚く選手もいます。無意識にしているからです。それを意識させる。練習では、「無意識でできるようになるまで反復する」ことが多いと思いますが、無意識でやってはいけないこともあります。

あるいは、紅白戦で盗塁を試みた選手がいたら、「今、なぜ走ったのか？」と訊く。答えが「走れると思いました」では、まだまだです。「初球がストレートだったので、次は変化球がくるタイミングだと思いました」でも、まだ浅い。その状況にしかない答えがあるはずです。「バッテリーがけん制をしてこなかった。点差とイニングを考えて、バッターに長打を打たせないように気をつけて、打たせて取ると思いました。バッターはさっきの打席で変化球を引っかけていたので、変化球がくると思いました」というような答えがかえってくるかどうか。

とんでもないプレーをした選手には「なんであのプレーをしたんや？」と訊きます。選手が「頭が真っ白になって……」と答えたら、「頭のなかに白が描けるなら、そこに色をつければパニックにはならないだろ？」とか「パニックになりそうになったら、その白を見ろ」と言って、思考回路をつなげていく。

試合では、相手を観察して、心理を読む。たとえば、投手がマウンドでスパイクのひもを結ぶフリをしている。そういうしぐさから「自分を落ち着かせようとしている。今、何か不安そうだな。ここは攻めどきだ」と考えられるかどうか。

こうして積み上げていく過程では、目に見えるような結果がすぐに出るわけではありません。結果が出るまで、じっと待つ。指導者には、その根気が必要です。

毎日毎日、同じことの繰り返しのように思えるかもしれません。でも、選手たちは毎日毎日、少しずつ変化して、進歩して、成長していきます。さっきより今。昨日より今日。今日より明日。1週間経てば、変化が見えてきます。1ヵ月経てば、はっきりと見えるでしょう。それまで待つのも、指導者の仕事です。

小学生の頃、夏休みにアサガオの観察日記をつけましたよね？　毎日見ていると、日ごとに成長しているのがわかったはずです。子どもにはそれが見えている。それが、大人になると見えなくなるのです。

指導者の方々に問います。根気がなくて、途中でくじけていませんか？　すぐに結果を求めていませんか？

「ノーサイン野球を導入しよう」と考えるチームはたくさんあります。ただ、ちょっとやってみて結果が出ないからといって、「やっぱりバッティング練習をやろう。打ち勝つ野球を目指そう」と、元に戻ってしまうチームもあります。そういう練習をしたほうが、結果が目に見えるので、わかりやすいのでしょう。でも、その練習での結果は、試合でも同じように見えますか？

シン・ノーサイン野球をチームに浸透させていくには、時間と労力が必要です。監督がこの覚悟をもっていなければ、選手に徹底させること、チームに浸透させることなどできるはずがありません。

自分のことではなく、相手のことを考えて野球をする

野球は9回が終わるまでに、相手より1点でも多く取ったほうが勝つゲームです。ホームラン競争ではありません。いかに出塁するか。いかに進塁させるかが大事です。安打と四球は、等価値。いや、むしろ四球のほうが相手に球数を投げさせている分だけ、価値があると考えてもいいと思います。

投手の心理を考えると、安打を打たれても、そのイニングの球数が少なければ楽です。逆に、簡単にアウトが取れないのは嫌なもの。投げても、投げても、ファウルで粘られる。最終的には打ち取ったものの、一人の打者に10球以上かかった――というのはいちばん嫌です。それがずっと続くと、どこかで崩れて、四球を出したり、打たれたりします。守備の時間が長くなり、その分だけ相手野手陣にミスが出る確率が高くなります。そこを狙って、攻めるのです。

私は、自チームと相手チームの投手の投球数を常に考えながら試合を進めていきます。相手が継投しても、考え方は同じ。相手投手にはたくさん投げさせて、味方投手の球数は少なくする。つまり、**「攻撃の時間は長く、守備の時間は短く」**です。これは弱者が強者に勝利するために、大切にしていかなければならない戦いかたです。

どんなに強打者が並んだチームでも、好投手を打ち崩すことは難しい。相手投手を何とかして攻略するには、チーム一丸となった工夫が必要。「待球戦法」は大いに有効です。

選球眼を磨き、ファウルを打つ練習をする。簡単にはアウトにならない。球数を稼ぎ、球威の落ちた後半に勝負をかける。時代に逆行すると言われるかもしれませんが、私はこの戦いかたを大切にしています。

近頃ではバットを思い切り振るのが主流になっています。体格の小さな選手、パワーのない選手であっても、バットを目一杯長く持っている。バットを短く持って、コツコツ当てる選手は少なくなりました。

力のある選手が揃っているチームなら、それでいいかもしれません。でも、あなたのチームは、それで勝てますか？

「自分がどんな打者になりたいか」を考えるのも大事でしょう。しかし、チームが勝つためには「相手投手はどんな打者が嫌なのか？」を考えるべきです。言いかえると「自分がしたい野球かどうか」ではなく、「相手にとって嫌な野球かどうか」です。相手とは、相手チームの投手、捕手、そして監督です。相手の監督は、投手が嫌がることをやられるのが最も嫌なのです。

相手のことを考えて野球をやる。言葉にすると簡単ですが、試合の流れ、相手選手や相手チームの雰囲気を感じ取る感性や観察力が必要です。それを磨くには、やはり時間と労力がかかります。あきらめず、へこたれずに、千里の道を一歩ずつ進んでいくしかありません。

第2章

「授業」の紙上再現Ⅰ　基礎編

「集合」で私の野球観を伝える

私が監督、部長を務めた東亜大が3回の日本一を果たしたほか、指導にかかわった和歌山大や徳島県立富岡西高校といった学校が大学選手権や甲子園などの全国大会に出ていることから、「中野が指導に行った先は強くなる」と評価してもらっています。私は現在、徳島県阿南市の野球のまち推進課アドバイザーとして、野球の指導や推進事業の支援に携わっていますが、ありがたいことに、「うちのチームを指導してほしい」と、全国のいろいろなチームから機会を与えていただいています。

私の指導を目にした方々が口を揃えるのが、「集合」の多さです。

どんな練習をしていても、何か題材になるプレーが起きたときは、「集合！」と言って選手たちを集めて、私の野球観や考えを伝えたり、ポイントを確認したりします。そのうえで「もう1回やろう！」と言って、繰り返します。

「どう考えて、そのプレーをしたのか?」「なぜ、うまくいかなかったのか?」といったことを突き詰めて、トコトン考えさせ、積み重ねていく。そうすると、選手たちはそれを応用して、目の前のプレーに対応できるようになっていきます。

試合では、練習とまったく同じ状況で同じプレーは、ほとんど起きません。しかし、私のこれまでの経験では「これを想定して練習したことはなかった。でも、似たような練習はしていた。あれがこのプレーにつながったのか」と思ったことが、数えきれないほどあります。

「集合」の際には、選手一人ひとりの表情を見ながら話します。この話が、どこまで伝わっているのか。今、どんな気持ちでこの話を聞いているのか。そういったことを感じ取るためです。

それには、立つ位置が大事です。選手たちには、私の視界の範囲にいるようにしてもらいます。私の真横や後ろに立たれると、視界に入りません。「私の男前の顔が見えるところにいなさい」と、冗談を言います。輪になるときは、円ではなく、扇形。人数によっては三列横隊に並んでもらうこともあれば、座ってもらうこともあります。

もう一つ大事にしているのが、立つ方向です。日差しがあるときは選手たちに必ず太陽を背にして立ってもらいます。彼らが太陽の方角を向いていると、まぶしくて顔をしかめるので、本当の表情がわからなくなってしまいます。私はまぶしいのですが、手で日差しを遮ればすむこと。そうすれば、彼らの表情が見えます。

私の指導を目にした方々から「中野先生はグラウンドで野球の授業をされていますね」とよく言われるのですが、確かにそのとおりと思います。

時間の効率よりも伝えることが大事

「集合」を何度もやっていると、練習がなかなか進行しません。その日に予定していたメニューを消化できないことも多々あります。非効率に思えるかもしれません。しかし、実際に起きたプレーから学ぶのは、とても大事なことなのです。

やっている選手たちが「なんでこんな細かいことまで言うんだ？」と嫌な顔をすることでも、あえて厳しく指摘します。指導者が「このことは前にも言ったから」「まあ、これくらいはいいだろう」と流してしまっては、選手たちの成長につながりません。

言葉の選び方も工夫しています。その場で絶対に頭に残るように、強く言うこともあります。「あと2、3回くらいは失敗を経験してもいいかな？」という場合には、あえて遠回しに言うこともあります。ときには冗談を言って、その場の雰囲気を和ませることも必要です。

口で何度も同じことを言うだけではなく、そのプレーを何度でも繰り返します。選手たちが「もういいだろう？」と思っても、伝わるまで、できるまで、しつこく徹底して習慣づける。それが試合のプレーに出るからです。

言葉だけでは、選手が「はい！」「わかりました！」と言えば終わりになってしまう。口で言う「わかった」と、実際の「できる」の間には、高い壁があります。

しつこくやることで、そのプレーをした本人だけでなく、チーム全員に「もう同じことは繰り返すなよ」「こういうプレーもあるぞ。覚えておけよ」と伝えています。そうすれば、個人はもちろん、チーム全体が成長します。

では、私は「集合」でどんなことを言っているのか？　これから、私が指導する様子を再現します。全国的にも激戦区と言われる県にある公立高校がモデルです。

私が指導しているグラウンドの雰囲気を、ぜひ感じ取ってください。私がどれくらいしつこいか、どれくらい選手を勝たせたいかがわかっていただけると思います。

指導1日目

チームの勝利に勝るものなし

中野　はじめまして、中野泰造です。みなさんのチームの監督であるA先生から招いていただき、徳島県の阿南市からやってきました。今日から6日間、よろしくお願いします。

選手たち　よろしくお願いします！

中野　私が質問したら、必ず答えてください。難しい質問じゃないから、「はい」「いいえ」「わかりません」だけで済まさないこと。ちゃんと自分の言葉で答えてください。答えがいいのか悪いのか、合っているのか間違っているのかは、別の問題や。いいですか？　では、質問します。このチームの目標は？　どこに向かって、今日の練習をしていますか？

選手1　甲子園に出場するためです。

選手2　強豪私立に勝つためです。

中野　はい。わかりました。もしかしたら、野球をやっている人のなかには「チームの勝ち負けよりも、自分が活躍したい」と考える人もいるかもしれません。でも、チームの勝利に勝るものはないんじゃないか？　君たちが何歳から野球を始めたかはわからないけども、こうして今まで続けている。そして、みんな、何かの志を持ってこの野球部に入部してきたはず。「大学で野球を続けたい」「将来プロに行きたい」というような個人的な進路のことは脇に置いて、みんなのチーム、このチームがどうなったらいいのか？　今日の練習がどこにつながっているのか？　明日の練習は？　あさっての練習は？

夏の大会の開幕まで、あと何日ですか？　残りの日数を把握してるか？　君、どうや？

選手3　あと4ヵ月ちょっとです。

中野　あと何日か、と訊いたんや。

選手3　……わかりません。

中野　考えたことがないんと違うか？　全国には「夏の大会まであと何日しかない。そこから逆算して、今日は……」と考えて、練習しているチームがたくさんあるぞ。

みんなのチームがどうなったらいいのか？　チームのために、自分はどう力を発揮したらいいのか？　それぞれが考えて、一日一日の練習を過ごすんや。毎日毎日、ただ考えもなく練習していたら、あっという間に夏の大会の開幕の日が来て、試合が終わってしまうぞ。やるからには先を見すえて、目標に向かってやったほうが、毎日が充実する。そうだろう？　チーム力を高めて、チームで戦うスタイルをつくり上げて、目標を達成する。私はそれしか考えてないぞ。今から、そこへ向かった練習を意識して、やっていこう。いいか？

選手たち はい！

ウォーミングアップを実戦に近づける

中野 じゃあ、まずはいつもどおりにウォーミングアップをしてください。

ランニング、ダッシュなどウォーミングアップが終わる

中野 集合！ 単刀直入に訊きます。今のウォーミングアップは、どんな意識でやったのか？ どれぐらい甲子園に近づきましたか。はい、キャプテン。

キャプテン そんなに近づいてないと思います。

中野 それじゃダメじゃないか。ウォーミングアップは、毎日やってるんだろ？ 毎日、目標に近づいてないことをやってるなんて、そんな努力はむなしいじゃないか？ 目標に近づく努力を積み重ねて、「汗を流してよかったな」とか、「目標を達成できて、みんなで喜べたな」という将来を迎えないといけないじゃないか。

もう一つ、問いかけます。君たちは、何の選手ですか？

選手　野球の選手です。

中野　じゃあ、なぜ野球に近づけたウォーミングアップをしないんや？　今の君たちのアップは、陸上競技の選手とそんなに変わらないじゃないか。私はたくさんの学校を見てきました。ほとんどの学校が、君たちがやったようなアップをしています。甲子園常連校も、甲子園に出る可能性のある学校も、おそらく県大会で1つ勝つかどうかという学校も、意識の差はともかく、内容はほとんど同じことをやっている。そこで、考えてほしいんや。君たちが限られた環境と時間のなかで目標を達成しようと思えば、どうすればいいか。どこでもやっているようなウォーミングアップじゃなくて、野球に近づけていくことを考えてやらないと、強豪校との差はどんどん開くぞ。どうですか？

選手　そうだと思います。

中野　ウォーミングアップは毎日やるもの。だからこそ大事なんです。15分間やるとして、せっかくその時間を費やすなら、その時間も目標に近づける必要がある。その意識を持って、一分一秒でも多く野球につながるウォーミングアップをやれば、毎日の積み重ねができるぞ。

キャプテン。私が問題提起しましたから、自分たちで考えて、野球の動きのようなウォーミングアップをやってみてくれ。考える時間を3分間与えます。「こんなアップをしたら野球の技術が身につくんじゃないかな」ということを考えて。それを5分間でやってみてください。

⚾選手たちが輪になって、アイデアを出し合う。3分後。バットを振ってから塁間を走るダッシュを始めた。5分間のアップが終わる

中野　集合！　A先生。彼らは自分たちで考えて、やってみたじゃないですか。これは大きな前進だと思いますよ。

――A先生がうなずく

中野　自分たちのアイデアが出てきて、練習前のウォーミングアップというよりも、野球の技術を高める練習のスタートという位置づけになった。今までは何も考えずにアップをしていたんじゃないか？　君はどうや？

選手　はい、そうです。

中野　もしかしたら、それが目標に届かない原因の一つかもしれんぞ。さっきは、今日これからする練習のことも、明日のことも、自分たちの目標のことも考えずに、ただやっている姿が見えた。それが、こうして約3分で考えて、5分間のウォーミングアップをやった。考えたといっても、みんなで考えたわけじゃない。リーダーが中心になって「こうやってやろう」と指示してやったんですけど、考えたことは確かでしょう。これで大きな一歩を踏み出したと思う。

これは、とても大事なことなんや。グラウンドでプレーするのは君たちです。ベンチにいる監督は、君たちにお願いするしかない。「頼む！　このピンチをしのいでくれ」とか、「ここでなんとか1点取ってくれ」とか。やるのは選手なんです。いいですか？　君が打席に立ったら、君がやるんや。ピッチャーがマウンドに立ったら、そのピッチャーがやらないといけない。そういう意味では、今、自分たちで考えてやったことで、大きな一歩を踏み出しました。ただ、常に点検しなければならないのは目標と、現在地。つまり、目標までの距離や。君たちの目標は何だったかな？

選手　甲子園出場です。

中野　今日やったことは確かに貴重な一歩なんやけど、甲子園に近づいているかどうか。そこを考えなアカンぞ。見直して、反省して、点検して、明日につなげないといけない。今は一歩前進したけど、はたしてそれでどれくらい目標に近づいているか。県内にはたくさんの強豪校がある。その人たちも本気でやっているから。その人たちをしのぐような力になっているかどうか。それを点検しながら、やれよ。いいですか？

選手たち　はい！

実戦に近づけたダッシュ①一塁駆け抜け

中野　今までと同じことを繰り返しても、今までと同じ結果しか出ない。意識を変えて、やり方を変えよう。たとえば、ダッシュ。同じダッシュをするなら、ただ走るのではなく、実戦に近づける。さっき君たちが考えてやった、バットを振ってからのダッシュもその一つです。

今から、一塁ベースを駆け抜けるダッシュをします。ベースを3つ用意して、3グループに分かれてくれ。駆け抜けたら、ボールの行方をイメージして、見る。こうすれば、打ち取られた内野ゴロを、内野安打にする練習になる。なんとか塁に出て、次の塁を狙う練習になる。打ち取ったと思った打球が内野安打になったら、相手はどう思う？

選手　がっかりします。

中野　そう。そのスキを突く。そのつもりで真剣にやろう。一塁ベースを駆け抜けるときは、前傾姿勢でベースを踏む。そのために、私とA先生、マネジャーがベースのところにいて、肩の高さでバットを水平にして持っておく。そのバットの下をくぐるように、前傾して駆け抜けろ。ベース直前であきらめるか、前傾姿勢で一歩でも早くベースを踏もうとするか？

アウト、セーフを判断するのは審判や。審判も人間。あきらめなければ、セーフになるかもしれない。相手の守備陣が焦ってミスをするかもしれない。でも、あきらめたら、アウトにしかならないぞ。じゃあ、やろう！

実戦に近づけたダッシュ②盗塁

中野　集合！　次は一塁ランナーになったと想定して、スタートを切る練習を兼ねたダッシュをする。試合のための練習や。まず第1リードを取る。そこから盗塁するつもりでスタートを切る。

一人がピッチャー役を務める。ピッチャーがバッターに投げれば、ランナーはスタートを切って、そのまま二塁ベースまでダッシュする。けん制すれば、帰塁する。ピッチャーがプレートを外しただけなのに、けん制したと思い込んでベースまで帰ってしまうなよ。プレートを外す動きがあったら、ピッチャーを見ながら戻る。けん制してこなければ、戻るのをやめる。ランナーはスタートを切ったら、盗塁でもエンドランでも、バッターのほうを見る。見ながらでもトップスピードに乗れるように練習する。よし、やってみよう。

実戦に近づけたダッシュ③第2リード

中野　集合！　次は、第2リードの練習をします。一人がピッチャー役を務める。

第1リードを取って、ピッチャーがバッターに投げたら、サイドステップ（シャッフル）で第2リードを取る。ピッチャーが投げたあとのボールの軌道やバッターのスイングをイメージして、**インパクトのタイミングで空中にいる**ようにするのがポイント。空中にいる間に打球を判断すれば、着地したらすぐに「ゴー」または「バック」ができる。

このタイミングを覚えるために、インパクトのタイミングで、両手を「パン」と叩け。両足が地面から浮いている状態で「パン」。そこから着地する。まずは、「バッターが見逃した」とイメージして、着地したら止まる。すぐに帰塁はしない。ただし、試合ではバッターが見逃し、もしくは空振りしたら、捕手からのけん制球がくるかもしれない。それには備えておくこと。やってみよう。

実戦に近づけたダッシュ④第2リードからスタート

中野　集合！　次は、第2リードからスタートを切る練習です。第1リードを取って、ピッチャーがバッターに投げたら、サイドステップで第2リードを取る。インパクトのタイミングで空中にいて、今度は「バッターがゴロを打った」とイメージして、着地したらスタートを切って、二塁ベースまで走る。第2リードを取る動きの流れで、スタートを切る練習や。完全に止まった状態から再スタートを切るよりも、トップスピードに早く到達できる。ヒットエンドランがかかっていなくても、ライト前ヒットで三塁が狙えるぞ。やってみよう。

実戦に近づけたダッシュ⑤第2リードからディレードスチール

中野　集合！　次は、第2リードからディレードスチールをして、二塁ベースまで走る。ディレードスチールで大事なことは？

選手　キャッチャーが「盗塁はない」と思ったタイミングでスタートを切ることです。

中野　それもある。大事なのは、第2リードを大きく取って、二塁ベースに少しでも近づくこと。そこからスタートを切る。それと、第2リードを取るときに、体の正面を二塁方向へ向けないこと。向けたら、キャッチャーはどう思う？

選手　ランナーがスタートを切ったと思います。

中野　そう。キャッチャーが「盗塁だ」と思ってスローイングの準備をしながら捕るから、成功率が下がるぞ。それを頭に入れて、やってみよう。

⑪ダッシュが終わる

中野　集合！　時間は限られている。1日は24時間。それはどのチームにも平等や。全国トップレベルのチームも、やっているメニューそのものは、ほかのチームと大差はない。

大事なのは、目標を達成するためにどれくらい知恵を出せるか？　強豪校と同じことをやっていたら、差は埋まらない。もともと持っている力に差があれば、その分だけ開きっぱなし。いや、さらに開いていくかもしれん。練習をいかに実戦に近づけるか？　ダッシュのたった1本でも、どんな意識を持ってやるかで変わってくる。1日に10本としたら、10本分の差が出る。その積み重ねだぞ。

キャッチボールはどんな意識でやるべきか？

中野　これからキャッチボールをやってください。時間は5分間にします。

⚾キャッチボールが始まる。捕球ミスや送球ミスがあった

中野　集合！　今、キャッチボール中に、君が相手に何か言ったよな？　君は何て言った？

選手　「相手が捕りやすいところに投げよう」と言いました。

中野　そう。だから今、集合をかけたんや。捕りやすいところに投げよう。確かにそうやな。じゃあ、なぜ捕りにくいところにボールがいくのか？　君の相手は、わざと捕りにくいところに投げているのか？

選手　違うと思います。

中野　キャッチボールでは、相手が捕りやすいところ、いいところに投げようとして、練習しているわけやな。君は、いつもいつも相手が捕りやすいところへ投げられているか？　試合になったら、いいところにいかないこともあるんじゃないか？

選手　はい。あります。

中野　君の「捕りやすいところへ投げろ」という主張は間違っていないと思う。でも、よく考えて

みろよ。投げた相手からしたら、どうや？　いいところへいかなくても、捕ってほしいんじゃないか？　君自身もときどき捕りにくいところへ投げる。そのときは「お願い！」「頼む、捕ってくれ」って言うんじゃないか？

選手　そうです。

中野　試合では、捕りにくいところにボールがきても、捕らなアカン。だったら、「オッケー！どこでも投げてこい、オレが捕ってやるから」という言葉に変えたらどうや？　相手への伝わりかたが違わないか？

選手　そう思います。

中野　よし、そういう前向きな気持ちでやろう。

⚾キャッチボールを再開する。距離が約30メートルに延びたが、捕球ミスや送球ミスがほとんどなくなった

中野　集合！　さっき私が「どこでも投げてこいって言うほうが前向きだ」という話をしたでしょ？　君たちのキャッチボールを見ていたら、そのときよりも距離は長くなったけど、ミスが少なくなった。多分、「なんとしても捕らなアカン」と思ったんじゃないか？　あっちこっちで「フォロー！」とか「カバー！」という声が飛んでいた。キャッチボールの１球でも「捕らなアカン」

と思ってやるから、ミスがすごく減ったわけや。これが進歩です。これが向上です。こういうことを積み重ねていったら、ミスの少ない、負けないチームになっていくぞ。

甲子園の常連校は、キャッチボールでミスをしない。投げた側が「しまった」と思うようなボールだろうが、なんとしても捕る。彼らは小さい頃からの積み重ねで、無意識のうちにミスしないようになっている。みなさんも、ミスしないように意識すれば、必ずできるようになっていくから。「捕らなアカン」と意識して捕ったら、できるから。いいですか？

じゃあ、今から2分間、今の距離（約30メートル）でキャッチボールをします。足を動かして、捕ったら、すぐに投げる。一人でも捕球ミスしたら、集合するぞ。全員ノーミス。さあ、いこう。

⑪キャッチボール再開。捕球ミスが起きた

中野 集合！ 今、エラーしたのは誰や？

選手 はい、僕です。

中野 君は嫌な顔を見せたな？ でも、君よりもみんなのほうが嫌なんや。みんなが「お前、なんでエラーするんだよ。終わらないじゃないか」と思ってるんや。だから、ミスをしても、自分からふてくされるな。嫌な表情を出すな。いいですか？ 練習でミスが出たら、あらためたらいい。まずは「ごめん！」「悪かった！」。これが大事ですよ。誰だってミスをする。ミスから学ぶこと

がいっぱいある。転んでも立ち上がって、次にミスしなかったらそれでいい。ただ、君たちのチームはミスを見逃して、そのままにしてきたんや。これで甲子園に近づけるか？　どうや？

選手　近づけないです。

中野　こんなにミスが出たら、甲子園もへったくれもないぞ。練習でノーミスを心がけるだけで、だいぶ変わる。いいか、2分間、全員ノーミスだぞ。どこかで決めろよ。決めるまでこの練習は終わらんぞ。そこまで徹底するんや。なぜかわかるか？　君らの目標が甲子園だからや。夏の大会に参加することに意義があるんだったら、どれだけミスしたって、いいじゃないですか。「ドンマイ、ドンマイ」で、楽しくやってたらいい。でも、甲子園に行こうと思ったら、県で何回勝たなアカンのや？　こんなにミスがあったら、1回も勝てないぞ。そう思って、真剣にやろう！

ノーミスで2分間のキャッチボールを終える

コントロールのズレは目線のズレ

中野　集合！　君たちには立派な目標があるんだけど、これまではそこに近づく努力をしていなかった。その点は考え直せよ。

野球のディフェンスのミスには、どんなミスがありますか？

選手1　送球ミスです。

選手2　ファンブルです。

中野　ピッチャーのコントロールミス。野手のエラー、悪送球。こういうミスを減らさないといけない。野球のミスを比率から考えると、ピッチャーのコントロールミスも含めて、送球のミスが多い。技術を改善するとしたら、送球のコントロールをつけることが優先や。このなかで「僕はちょっとコントロールに不安がある、難がある」と思う人は、正直に手を挙げてみて。

――5、6人の選手が手を挙げる

中野　はい、結構いますね。コントロールが悪いのは、直ります。ただ、一時的にはよくなるけど、その後も自分で意識してやらないと、本当の意味では直らないぞ。コントロールに不安がある人のほとんどは、目線がブレている。キャッチボールでは、相手の胸を見て投げるのが大事や。野球では「ボールから目を離すな」と言うよな？　ランナーに出ているときは、相手がボールを投げるところから、投げたあとの球筋まで見ていないとダメ。守っていても、ボールを目で追う。ただし、ボールを投げるときだけは別なんや。自分が投げたボールを見たらアカン。ボールじゃなくて、目標物を見つめろ。相手が構えたグラブ。ユニフォームの胸の文字。男前の顔を見るんや。

――笑いが起きる

中野　全員とまでは言いませんが、多くの選手が、それができてない。一番大事なことを教わっていない可能性がある。間違ったことを教わったか、自分でそう思い込んでやり続けてきたか、どちらかです。小さい頃、誰かに「ボールを投げるときは、リリースの瞬間を見なさい」と教えられた人？

――３、４名の手が挙がる

中野　はい、何人かいますね。その監督さんを批判するわけじゃないけど、それは間違いです。「ボールを投げたあと、軌道を目で追いかけなさい」と教わった人は？

――２、３名の手が挙がる

中野　やっぱりいますね。それもダメです。いいですか？　大事なことやから、もう1回言うぞ。**キャッチボール、スローイングでは目標物を見て投げろ。そこから目線をズラすな。**自分が投げたボールを目で追ったらアカン。コントロールのズレは目線のズレです。弓を射るときのことを想像してみろ。的を見ずに射る人はいないだろ？　的を見つめて、あとは距離の感覚とか、風などの物理的な環境を計算にいれて、矢を放つ。試しに、彼と私でキャッチボールをしてみるぞ。

――一人をピックアップして、キャッチボールをする

中野　気づいた人？

――多くの手が挙がる

中野　君は投げたあと、瞬間的に目線がボールを追っているよ。自分でわかってるか？

選手　いいえ、わかっていません。

中野 無意識だから、自分で気がついてないんやな。小さい頃から身についているものは、よほど意識してやらないと、直らない。自分ではなかなかわからないかもしれん。投げたボールが目標からズレたら、大事なことを思い出せ。「目標物を見て投げる」「投げたボールを見るな」。これを心がけるだけで、コントロールは大きく変わるから。いいですか？

じゃあ、次は少し距離を長くして、あえて山なりのボールを投げてみよう。君と君、2人でみんなの前でやってみてくれ。

――2人がキャッチボールをする

中野 完全に目線がボールを追ってるじゃないか！ 目だけじゃなくて、顔ごと上を向いて、ボールの軌道を見ている。わかった人？

――ほとんどの選手の手が挙がる

中野 この練習をやると、悪いクセが顕著に出るので、矯正できます。マウンドに上がったり、ピンチの場面で守っていたりすると、今までの悪い習慣が出てくるぞ。こうやって、練習で気づけばいい。気づいたら大事なことを思い出して、修正しろよ。それを何度も何度も繰り返したら、自分のものになっていくから。じゃあ、目線を意識して、もう3分間キャッチボールをやろう。

⑪ 3分間のキャッチボールが終わる

ボールから目を離すな！ ——ボール回し

中野　次は、ボール回しをします。ピッチャー、外野手も4つのベースのどこかに入ってくれ。はじめは時計回りで。ホームから三塁、二塁、一塁の順で。私が「逆！」と言ったら、反時計回りでホームから一塁、二塁、三塁の順で回してくれ。時間は5分間。じゃあ、始めよう。

⚾ボール回しを始める。しかし、一回りしたところですぐに止める

中野　集合！　自分の番が終わったあと、ボールから目を離してしまうヤツがおる。自分でわかってるか？　無意識でやってるから、わからんのと違うか？

いいか、大事なことを言うぞ。**ボールから目を離すな！**　ボールに背中を向けるな！　ボールを見たらアカンのは、投げるときだけ。列の後ろに並び直すときも、必ずボールを見ながら移動しろ。順番を待っているときも、下を向いたり、よそ見をしたりせずに、仲間のプレーを見ろ。ボールから目を離したら、相手にスキを与えてしまう。相手のスキを見逃してしまう。簡単なことやけど、普段から習慣づけしないと、試合でできないぞ。もう1回、やり直し。ボールから目を離すなよ。自分のプレーが終わっても仲間のプレーを見て！

⑪ボール回しを再開する。2周したところで、捕手がみんなに声をかけた

中野　集合！　今、キャッチャーが一言みんなに向かって言いました。聞こえた人、手を挙げてください。

――数名が手を挙げる

中野　不思議じゃないか？　指示を出しているのに、通らない。それは指示じゃないぞ。自分が言ったことがほかの人に伝わってない。キャッチャー。君は「そのかけ声には意味がなかった」って言われても、反論のしようがないぞ。みんなが薄情なのか？

捕手　いえ、そんなことはないです。

中野　指示を出したということは、何か問題があったということ。それがちゃんと解決しないと、チームは前へ進まないじゃないか。こんなことも確認せずに、何が甲子園や？　キャッチャーは、何て言った？

選手　「相手の胸を見て投げよう」と言いました。

中野　私には聞こえた。でも、それを聞いていない人がいる。聞いてないのか？　聞こえてないのか？　どっちにしても、これは大問題じゃないか？

　この状態で、チームでどんな意思の疎通ができるんや？　この現状に気づけよ。キャッチャーも考えないとアカンぞ。指示が通らなかったら、いったん練習を止めてみんなを集めて「相手の

胸を見て投げよう」と言え。伝えるべきことは、ちゃんと伝えろ。自分は伝えたつもりでも、相手に伝わっていなければ、伝えたことにはならないぞ。伝わらなかったら、私が集合をかけるんじゃなくて、自分の意思で集合をかけて、ちゃんと伝える。ここまでできたら、素晴らしい。これがチームプレー。徹底するっていうのは、そういうことや。キャッチャーがそれぐらいのリーダーシップを持たないと、チームは強くならんぞ。

君たちは、こういうことを何気なく流してしまっている。そういう雰囲気を、私はこの練習中に感じているんや。こんな感じで練習したって、進歩はない。甲子園なんか行けないぞ、残念やけど。かけ声がちゃんとみんなに伝わってるかどうか。それを確認するのも徹底の一つ。いいですか？　キャッチャーは正しいことを言っているんだから、みんなも耳をすまして聞いておかなきゃいかんだろ？　徹底するんだぞ。

⚾ボール回しを再開する。反時計回りのボール回しで三塁手の送球が逸れて、捕手が捕れなかった

中野　集合！　サード。今のはわざと投げたのか？

三塁手　いいえ、わざとではないです。

中野 真剣に投げたんやな。でも、今みたいなボールがいくこともあるじゃないか。じゃあ、今のボールは捕れないボールだったか？ 君はどう見た？

三塁手 捕ってほしいボールだと思いました。

中野 捕ってほしいボールか？ 私からしたら、捕れるボール、捕らないといけないボールや。なぜ捕れなかったのか？ それを考えなアカンぞ。キャッチャー、なぜ捕れなかったんや？

捕手 ……。

中野 怒ってるんじゃなくて、訊いてるんや。君にしかわからんだろ？

捕手 わかりません。

中野 なんでわからんのや？ もしかして、君はボールがベースの上にくるものだと思ってプレーしてるんと違うか？

捕手 ……はい。

中野 だから、反応が悪いんや。キャッチャーをやっていて、ピッチャーに「ここに投げろ」と構えても、大きく外れることもあるだろ？ そのボールに反応しないとアカンやないか。今の返事も、反応が悪かった。プレーだけじゃない。君たちの日ごろの過ごしかた、生きかた、生活のなかに反応の悪さが出てるんや。君たちは気がついてないだろうけど、私は感じてるぞ。行動にすばやさが無い。日常でこれを変えただけでも、変わると思わないか？

捕手 はい！

中野　今の反応は早かったじゃないか！　意識したら、人間は変われるということや。今のボールは、君の反応がよかったら、捕れる。こういう感じで取り組んでいこう。

ボール回しを再開する。時計回りに5周、反時計回りに5周が終わった

中野　集合！　途中で、ショートが言ったことを聞いていた人、手を挙げて。はい、君。ショートは何て言った？

選手　「遅い」と言いました。

中野　そう。「遅い」というのは、何気ないけど、深みのある言葉や。何に対して遅いのか。タイムの絶対値が遅いのか、何かと競争して負けるから遅いのか。いろいろあるじゃないか。ショート、なぜ遅いとダメなんや？

遊撃手　アウトが取れないからです。

中野　アウトを取るランナーに想定しているのは、どんなランナーですか？　対戦相手はいっぱいいます。想定している高校はどこや？　自分たちより力がない相手だったら、ちょっとくらい遅くてもアウトになる。「遅かったらアウトにできない」っていうチームのイメージが明確にあるから、より向上していくんや。

昨年の秋の優勝チームはどこ？　そのイメージがないと、「遅い」も「早い」もないぞ。私もよく「遅い」と言う。私のなかに何があるか。私は、日本一しか考えていない。日本一になるのは、大変厳しいんですよ。そこを狙ってくるチームはすべて、足が速い。基本どおりにしっかりステップして、ていねいに投げるのも大事やけど、それを確認しながら投げていたら、アウトにならない。

君たちの目標は「強豪私学を倒す」「甲子園に出場する」やな？　その目線で話をするぞ。試合になったら、相手のランナーとの競争や。足が速い選手。たとえて言うと、ホークスの周東（佑京）選手のレベル。「打ち取った」と思った打球が内野安打になるぞ。君たちも日ごろから、そんな選手を意識して取り組まないといけない。今、この練習での相手は同じチームの選手だけど、そこを基準にしたらアカン。目線を上げろ。

強豪私学は、足が速い選手が多いぞ。これはボール回しに限らず、すべてにおいて言えること。**練習から強豪私学の基準でプレーしないと、試合で勝てない。**そこに基準をおいて、「一歩目を早く」「握り替えを早く」「ステップを素早く」。盗塁阻止も同じ。「ピッチャーのクイックを速く」「キャッチャーが捕ってから送球が二塁へ到達するまでのタイムを短く」と考えていこう。いいか？

選手たち　はい！

中野　スピードを意識して、もう1回やってみよう。

⚾ボール回しを再開する。二塁手が三塁へ投げた球が、大きく逸れた

中野　集合！　セカンド。君は今、一塁からの送球を捕ったあと、左回りにクルッと回って三塁へ投げたな？

二塁手　はい。

中野　そのほうが体の回転を生かして投げられるから、投げやすいかもしれん。でも、楽なほうを選ぶな。今みたいに回って投げると、いったん投げる方向に背中を向けることになる。だから悪送球になるんや。わかるか？　みんなもよく聞いておけよ。右投げの選手が左回りに回って投げたら、投げる相手から目が離れている状態で投げるから、悪送球になりやすい。投げにくいかもしれないけど、ステップワークを使って体をすばやく右回りに切り返して、投げなさい。そうすれば投げる相手が視界に入っているから、悪送球が起こりにくい。

――**悪送球した二塁手がステップして体を切り返して送球する形を試す**

中野　そうや！　左投げの選手は、逆にして考えろよ。右回りにクルッと回って投げるんじゃなくて、左回りに切り返して、投げる。クルッと回って投げる習慣がついている人は、次から意識して直せよ。直しておかないと、いつか大事な場面で悪送球が出るぞ。

⚾ボール回しが終了する

中野　集合！　練習は、あくまで練習や。今やったことが試合でできなかったら、「何のために練習しているのか？」という話になるぞ。**試合では「アウトにするかどうか」がすべて。**ランナーとの勝負。そこを練習で鍛錬する。ボールを捕ったら、すばやく放す。試合ではどんな体勢になっても、それが求められる。体勢を立て直して投げるのは、練習のための練習にしかならない。練習でやっている基本と、試合でやらないといけないことは、同じではない。それをわかって、練習せなアカン。いいか？

常に何を意識するかで、人間は変わる。「あわてて、いい加減にプレーしろ」ということではないぞ。基本に忠実にプレーするのも結構。でも、それで試合に負けたら、「何のためにやってきたんだ？」となるんと違うか？　勝ちたいなら、勝ちたいなりに練習しよう。レベルの高い相手を思い描いて。相手はムチャクチャ強いぞ。スピードを持ってるぞ。それを覚悟して、準備しないといかん。一球一球。一日一日。ちょっとずつの積み重ねで、目標の基準に近づいていく。それが練習というものや。いいか？

選手たち　はい！

「バントゲーム」は走塁を磨く練習

中野　これから、バントゲームをします。ルールを説明します。2チームに分かれて、対抗戦です。4アウトチェンジで、ノーアウトランナー一塁からスタート。フォアボール、デッドボールあり。盗塁あり。もし盗塁を狙ってアウトになった場合は、アウトカウントだけ増やして、再びランナー一塁から。ボールカウントはそのまま継続します。ランナーをアウトにして塁上に一人もいなくなった場合も、自動的に一塁にランナーを置いて再開します。バッターはバントだけ。スクイズ、セーフティーバント、ドラッグバント、プッシュバントもあり。ヒッティングやバスターはなし。ツーストライク後も、バントをすること。4アウトチェンジなので、2アウト三塁からでもスクイズで点が取れます。作戦は自分たちで考える。サインを出すなら、自分たちで出す。

特殊なルールが一つあります。バッターが見逃すか空振りをした場合は、キャッチャーはボールを捕ったあとに、必ずどこかの塁へ投げなければならない。どこの塁でもオッケー。ランナーがいる塁でも、いない塁でもかまいません。そのとき、キャッチャーからの送球を捕った野手は、ランナーがいればランナーに、いなければベースにタッチする。ランナーは、キャッチャーの送球間に次の塁を狙ってもいい。いいですか？　じゃあ、チームで作戦会議をしてから、始めます。

⚾ チーム1の攻撃が始まる。

左投手がセットポジションから、一塁へけん制球を投げた。一塁走者はすぐに帰塁。一塁手は捕ったあと、すぐに投手に返球した

中野 集合! ファースト。今、ノータッチだったな。なぜタッチをしなかった?

一塁手 セーフだと思ったからです。

中野 ピッチャーのけん制球を捕ったら、必ずタッチしなさい。これを習慣づけておくこと。アウトかセーフかを決めるのは、誰や?

一塁手 審判です。

中野 そう。選手じゃない。自分で判断したらアカン。何が起こるか、わからんぞ。野手は、けん制球を捕ったら、必ずランナーにタッチする。万が一、ランナーがちょっとでもベースから離れていて、アウトになったらラッキー。返球するときも、常にランナーを視界に入れておく。何か油断やスキがあって、ベースから離れることもある。それを逃さないように。偽投したら、ランナーがベースから手を離すかもしれない。年に何回かでも、そういうことがあるかもしれないじゃないか? アウト、セーフにかかわらず、タッチして、そのあとも相手の動きをよく見ておく。それを練習から習慣づけよう。

⚾無死一塁からの初球。

左打者が外角の球を三塁側にバント。一死二塁となった

中野　集合！　何も考えずにバントをしてないか？　いきなり初球からバントして、ランナーは進めたけど、アウトを1つやる。相手はどう思う？　守備側の気持ちになったら？

選手　アウトが1つ取れて、ラッキーだと思います。

中野　そう。「ラッキー」とか「オッケー」と思う。つまり相手を助けてるんや。1球目でやったほうがいいのか、2球目にやったほうがいいのか？　ストライクとボールをちゃんと見極めたほうがいいのか？　そういう練習をしないで、淡々とバントをしている。これが本番の試合でどれくらい活用できるのかなと思いながら、見てました。率直に言うと、申し訳ないけど、これでは試合で使えないだろうな。相手を喜ばせるだけや。相手にラッキーをやったらアカン。

一つ、提案します。ランナーは積極的に盗塁をしろ。それが単独の盗塁になるのか、バントエンドランの形になるのかはチームで考えなさい。このバントゲームはノーアウトランナー一塁から始まって、4アウトでチェンジ。単純に送っていけば、送りバント2つで二死三塁になる。そこからスクイズで1点が取れる。でも、相手に簡単にアウトをやらないでランナーを進める方法を考えろ。攻めるチームは、盗塁の技術を身につける。守るチームは盗塁をされないようにする。いいか？

バッターが見逃したとき、それがストライクでもボールでも、キャッチャーは必ずどこかの塁に投げるルールになっている。ということは、内野手は誰かが必ずベースについていなければならないだろ？　たとえばファーストが前へ出たら、セカンドが一塁ベースに入らないといけない。そこにスキが生まれる可能性がある。キャッチャーの送球間にスキがあったら、ランナーは次の塁を狙っていい。大事なのは**相手のスキを突く**こと。バッターが犠牲になって、バントで進めてくれると思ったら、ランナーは安心するでしょ？　安心してしまったら、先の塁を狙わなくなる。足が速いか遅いかは関係ない。とにかく前へ前へ進んでいく気持ちが大事なんや。バントゲームではあるけど、これは走塁を磨く練習なんや。積極的に盗塁を狙ってみろ。

足を武器にする。スピードのある野球ができると、強豪校が相手でも戦える。接戦に強くなる。「打って3割」のバッティングに期待しない。バントはもちろん、アウトになってもいいから盗塁をする。二盗だけでなく、三盗、ホームスチールも狙ってみろ。ランナーが盗塁を狙うようになると、今度はバッターがわかってくる。何がわかるかというと、まず、ランナーが走ったのが見えるようになる。そのうちにランナーのスタートの良し悪しが判断できるようになる。このバントゲームでは打つことはないけど、ランナーの動きが見えるようになれば、実戦で自分のバッティングを臨機応変に変えられるようになっていく。たとえばスタートがよければ、空振りしてランナーを助ける。スタートが悪ければ、ファウルを打つか、ゴロを打つ。そうやって攻撃が発展していく。ランナーが走らないと、それが見えてこない。いいか？

相手を惑わせる工夫をしろ

⚾ 一死二塁から、次打者が右打席に入る。投手寄りの手でグリップエンドいっぱいを握って、バットを構えた

中野　集合！　今、バッターは左手がグリップエンドいっぱいのところを握っていたな？

選手　はい。

中野　今の野球は、バットを長く持って、目一杯振るのが当たり前になっている。バントが下手というのも、当たり前になってきた。君たちに、考えてみてほしい。バットを長く持って、そこからバントの構えをすると、どうなる？　左手がグリップエンドのところにあったら、バントをしにくいんじゃないか？　バントゲームではバスターはないけど、バントやバスターを正確に決めるには、ピッチャーの側の手、ボトムハンドが鍵になる。右バッターは左手が支点となるから、正確に決めようと思ったら、自ずとバットは短く持たないといけない。

バットを短く持って、バントの構えをする。ここからが大事や。よく聞いておけよ。たとえば、バントのように両手を離して握っているけど、打つときと同じようにバットを立てて構える。そ

こからスッとバットを前に出して、バントする。または、バントの構えからバットを引いて、打つフリをする。そういうことをすれば、相手のキャッチャーが戸惑う。自分たちがバントすることだけを考えるんじゃなくて、相手のキャッチャーのことを考えろ。キャッチャーを揺さぶれば、パスボールの可能性も出てくる。

守る立場では、キャッチャーはもちろん、ピッチャーも野手も、バッターのバットの握りかたをしっかり見とけよ。ピッチャー側の手がグリップエンドに近ければ、バスターの可能性が高いということや。しっかり見ていれば、備えられる。いいか？　こうやって**相手のことを考えて、いろんな工夫をすれば、実戦で大きな結果を生み出す可能性があるん**や。強豪私学と同じスタイルで野球をやって、勝てるか？

選手　難しいと思います。

中野　だったら、自分たちのスタイルをつくり上げないとアカン。相手に「コイツら、何をしてくるかわからないな」と思わせる。そんな工夫が、プラスアルファの力を生み出す。自分たちでいろいろ研究してください。

バントゲームは捕手を鍛える練習でもある

⚾ 一死走者一、二塁。打者が投球を見逃す。捕手が三塁へ投げた

中野　集合！　このバントゲームは、キャッチャーの訓練でもあるんや。試合ではランナーが一、二塁の状況でキャッチャーが三塁へけん制球を投げることはない。それをあえて練習でやっているのには、意味がある。キャッチャー。君は三塁に投げたとき、投げることだけに集中していたんじゃないか？　キャッチャーが捕ったら、一塁に投げても、二塁に投げても、三塁に投げてもいい。さっきのプレーで、私は君のマスク越しの視線を見ていた。君は三塁しか見ていなかったぞ。違うか？

捕手　はい、そうです。

中野　三塁へ投げるときも、一塁ランナー、二塁ランナーの動きを自分の視野に入れて、動きが見えないとダメなんや。たとえば一塁にランナーがいるとき、三塁に投げてもいい。ただし、三塁へ投げた瞬間に一塁ランナーが二塁を狙うかもしれない。だから、ランナーの動きを視野に入れておくんや。キャッチャーから見て、一塁と三塁の角度は？

捕手　えっと、90度です。

中野　三塁に投げようとしたとき、周辺視野で一塁ランナーがスタートを切ったのが見えたら、三塁へ投げるのをやめて、飛び出した一塁ランナーをアウトにすればいい。最初は見えないかもしれないけど、意識してやっていれば、周辺視野でとらえられるようになる。**相手の動きが見えるようになると、野球が変わってくる**から。

一死二、三塁。投球が暴投になる。しかし、グラウンドのファウルゾーンが狭いため、三塁走者は本塁を狙わなかった

中野　集合！　A先生、このグラウンドで練習試合をすることもありますよね？

A先生　はい、あります。

中野　練習試合で、今のようなワイルドピッチがあったとして、もしホームを狙ってアウトになったら、どうですか？

A先生　それはオッケーです。

中野　球場だったら、絶対に還れるプレー。でも、毎日の練習がこのグラウンドなので、少々逸れたくらいでは「行けない」という感覚になってしまう可能性がありますよね。キャッチャーが逸らしたのがこのくらいの短い距離でも、還れる走力を身につけないと、勝ち上がれませんよ。今のプレー、私は「行ける」と思ったんですよ。今、三塁ランナーはなぜ走らなかった?

三塁走者　スタートが遅れました。

中野　そういうことを聞いてるんじゃない。「アウトになる」と思ったんと違うか?

三塁走者　スタートが遅れたので、行ったらアウトになると思って、止まりました。

中野　今、君たちのチームの監督であるA先生に、お墨付きをもらった。「アウトになってもオッケー」。やってみないとわからないでしょ?　そういう積極性が大事だと思う。「なんでもかんでも走れ」と言ってるんじゃないぞ。君たちの走塁の感覚は未熟や。どこまでならアウトで、どこからならセーフになるか。やってみないと感覚は磨かれない。いいか、もう1回やってみるぞ。

――同じプレーを再現する。三塁走者はスタート。クロスプレーでセーフになった

中野　今、誰かから何か声があった。聞こえた人?

選手　「速い!」と言ったのが聞こえました。

中野　確かに速かった!　これが実戦でできるかどうかが大事やぞ。そこで、みんなには一歩進んだことを考えてほしい。ランナー、もういっぺん三塁に戻ってくれ。

――走者が三塁に戻り、リードを取る

中野　サードランナーのリードの位置は、どこがいいのか?　今のようにラインから後ろ(ファウルゾーン)に下がったところがいいのか?　ライン上につま先を合わせたところがいいのか?

ランナー、どうだ？
三塁走者　自分は、ライン上のほうがいいです。
中野　なぜ？
三塁走者　ホームまで直線で距離が短くなるからです。
中野　そのとおり！　これは今後、みんなで考えて判断してほしい。三塁だけじゃなくて、一塁も二塁も同じ。少ないチャンスを生かそうと思ったら、**次のベースまでの直線を思い描いてリードを取る**ことを考えたほうがいいと思う。三塁線のラインは、フェアとファウルを分ける意味もあるけど、三塁ベースからホームベースへの最短距離を表しているんや。
ラインから後ろに下がるのは、おそらくフェアゾーンで打球に当たらないようにすることを考えていると思う。それよりも、セーフになることを考えたら、どこがいいのか？　最短距離を走ったほうが、よりセーフになる。そこを考えただけでも、走塁がかなり変わるぞ。

サインが出ていても、決めつけてプレーするな

⑪一死二、三塁。左投手が三塁へけん制球を投げた。三塁手はベースを離れていて、あわててベースに入ろうとしたが、捕れず。

中野　集合！　今のは、サードがベースに入っていれば、クロスプレーだったんじゃないか？　いいけん制球だった。サード、なぜ今のプレーが起きた？

三塁手　サインミスです。

中野　どういうサイン？

三塁手　「けん制なし」のサインです。

投手　自分が間違えました。

中野　サインで動いたということやな？　サードは、なぜそのサインを出した？

三塁手　ピッチャーが苦しんでいたので、バッターに集中したほうがいいと思いました。

中野　そうか。それも理解できる。でも、いいけん制だったじゃないか？　そのサインが出ていたら、けん制したらダメなのか？　そこを考えてみろよ。A先生に訊きます。これまでの試合で先生がベンチからサインを出して、選手が見落としたことは一度もなかったですか？

A先生　ありましたね。

中野　君たちは、監督のサインでも見落とすことがあるんじゃないか。公式戦になると緊張もあって、サインを忘れたり、見落としたりする人はいないか？　自分がそうなるかもしれないと思う人、正直に手を挙げてみろ。

――**数名の手が挙がる**

中野　ほら、いるやないか。要は、決めつけてはダメということや。「けん制がない」と決めつけていたから、アウトを逃した。それどころか、2点も失った。「けん制なし」のサインを出していても「けん制があるかもしれないな」と思って準備していたら、アウトになっていないか？

三塁手　アウトにできました。

中野　相手のスキを逃さなかったら、そういうビッグプレーが生まれる。でも、決めつけたら、それは生まれない。こんなことも考えながら野球をやりなさい。サインを出すのはいいけど、**サインどおりのプレーが起きると思い込んだらアカン。**いいか、思い込みでプレーするなよ。

⚾二死二塁。投手が投げる前に、二塁走者がスタートを切った。内野手から「逃げた！」の声がかかる。二塁走者は途中で止まって帰塁したが、投手は二塁ベースに入った遊撃手に送球。タッチアウトとなった

中野　集合！　二塁ランナーがフライングでスタートして、戻ってアウトになった。なぜ戻ったと思う？　本人に訊かないとわからないけど、その前に、君はどう思う？

選手　ショートが二塁ベースに入ったのがわかったからだと思います。

中野　もう一人訊いてみよう。はい、君は？

選手　スタートを切ったけど、ピッチャーがまだ投げていなかったので、困惑して戻ったんだと思います。

中野　困惑か。なかなか深い観察や。じゃあ、本人に訊いてみよう。

二塁走者　ピッチャーがすぐに投げ始めなくて、「走った」の声が出たので、ピッチャーにプレートを外されて二、三塁間で挟まれるよりは、戻ったほうがセーフになる可能性があると思って、戻りました。

中野　そういうふうに悲観的に物事を考える人が多いんや。私は、先の塁を狙ったほうがいいと思います。もしも、止まらずにそのまま三塁へ走っていたら、どうなったと思う？　ほかの人に訊いてみようか。

選手　ピッチャーがあわててセカンドベースに投げて、三塁はセーフになったと思います。

中野　ランナー、そういう声があるぞ。どうや？

二塁走者　そういうこともあるかもしれません。

中野　ピッチャー、二塁ランナーが走ったのに気づいていたか？

投手　いえ、気づいていませんでした。

中野　こういう姿が見えることが大事なんです。まわりからしたら、「コイツ、何をしてるんだ？」と思うかもしれないけど、相手にしたら「やられた！」と思うこともある。今のようにやってみないと、何も生まれてこない。だから私は、「狙え」と言ってるんや。

今のような走塁が、いつも通用するわけじゃありません。でも、野球にはそんなことがいっぱいある。やっている本人が悲観的になると、「これはダメだ」と戻ってしまう。それよりも、思い切って行ったほうがいいっていうことや。やってみたら、わかることが多いでしょ？　今の走塁、狙いはよかったぞ。

⚾三死から守備のミスが続き、二、三塁となる。右打者が一塁側にプッシュバントで打球を転がす。一塁手が前進して捕り、一塁ベースカバーに入った二塁手に送球したが、打者走者はセーフになった。このプレーの間に、二塁走者も三塁を回って本塁を狙ったが、二塁手が捕手に送球。惜しくもタッチアウトになった

中野　集合！　二塁ランナーは、いい走塁だった。名前は？

二塁走者　Kです。

中野　君は足が速いなぁ！　ただ、大事なのは、どこを見て走っていたか？

K　ファーストのプレーを見て、走りました。

中野　見たのは、一瞬だけやな。ずっとプレーを見ながら走ってはいなかった。私の目にはそう見えたけど、違うか？

K　はい。ずっとは見ていません。
中野　そのあとは、キャッチャーを見ながら一目散に走ったんじゃないか？
K　そうです。
中野　もし、プレーをずっと見ながら走っていたら？　セカンドがホームへどんな送球をするのかを見ていたら、スライディングのしかたが変わるんじゃないか？
K　変わると思います。
中野　よし、今のプレーを再現してみよう。最初は今と同じように、三塁を回ったときに一瞬だけ一塁を見て、走れ。

――プレーを再現する

中野　次は、三塁を回ってから、プレーを見ながら走れ。プレーを見ながらでも全力疾走できる選手にならないとアカンぞ。

――Kが三塁を回ったあともプレーを見ながら走った。二塁手が本塁へ送球したが、捕手のタッチをかいくぐって生還。見ていた選手たちから「おぉ！」と歓声があがる

中野　今、「おぉ！」と言った人、手を挙げて。君は、何でそう言ったんや？
選手　ボールがくるところを見て、うまく回りこんで滑ったからです。
中野　そう！　こういうところがちょっと変わるだけで、プレーが変わってくる。わかった？
選手たち　はい！

⚾攻守交代して、チーム2の攻撃。無死一塁からの初球、打者がバントの構えをする。三塁手がそれを見て、前に出てくる。投手が投げた球がワンバウンドになり、打者はバットを引いた。捕手が投球を前にはじいた

中野 集合！ サード。今はキャッチャーがはじいたけど、捕っていたら？

三塁手 どこかの塁に投げます。

中野 君はバッターがバントの構えをしたのを見て、前に出た。もしキャッチャーが三塁に投げようとしたら、ベースに戻れたか？

三塁手 戻り切れなかったと思います。

中野 前に出るのは、ベースに戻れるところまで。バッターがバントして、ボールが転がってきたら、そこからさらに前へ出て、処理するんや。バントゲームはそういう対処のしかたを覚える練習やぞ。

思い込みで動くな。状況を見て、判断して動け！

無死一塁。1ボールから投手がけん制球を投げたが、一塁走者は二塁へ向かってスタートを切っていた。ボールは一塁手から二塁ベースカバーに入った遊撃手に送られたが、セーフ。このプレーの間に、捕手が一塁のベースカバーに走ってきていた

中野　集合！　キャッチャー、君はなぜファーストのベースカバーに行ったんや？

捕手　ランナーが一、二塁間で挟殺されたときに入るためです。

中野　実際は？　挟殺プレーになったか？

捕手　いいえ、なっていません。

中野　君はチームの約束ごととして「こうしなければいけない」ということで動いているだけや。現実を見て、状況を判断して動いていない。予測は大事。でも、目の前で起きているプレーを見ないといけないいじゃないか。思い込みやパターンで動いたらアカン。それでは対応できないことがいっぱいある。

捕手　でも、自分がベースカバーに行かない理由はないと思います。

中野 君の言いたいことは、わかる。チームの中では「お前がやっていることは間違ってない」と言われるかもしれん。でも、それではダメなんや。現実に起きているプレーを把握しなさい。いいか、「予測して、現実に起きたプレーを見て対応する」のと、「約束ごととして、決めつけて動いてしまう」のは大きく違うぞ。それを理解しろよ。約束ごとも大事やけど、それよりも現実に起きているプレーを大事にしろ。そこで対応力が生まれる。約束ごとをやろうとしているだけだと、試合でもついついやってしまうぞ。相手は、そのスキを突いてくる。

君たちは、約束ごとはきちんとできる。これからは、その一歩先の段階を考えなさい。野球の試合は、約束ごとどおりには動かない。常に変化していく。現実のプレーでは、思いもしないことと、経験がないことが起きる。その変化に対応する力を引き出さないといけない。いいか、**パターンで動くな。決めつけるなよ。プレーを見て、判断しろ。**

⚾ 無死二塁。カウントは2ボール。
打者が三塁側にバントを転がして、走者を三塁に進めた

中野 集合！ バッター、今のボールカウントは？

打者 2ボールでした。

中野 ということは、ピッチャーは苦しんでいるんじゃないか？ そこで簡単にバントをする。バントをしたほうがいいのか、1球待ったほうがいいのか。ほかの選手に訊いてみよう。君は、どう思う？

選手　1球待ったほうがいいです。

中野　バッター、なぜバントをした？

打者　ストライクだったからです。

中野　それが習慣になってしまっているということや。バントをしようと思ったら、相手チームのことをまったく考えずに、バントをしてしまう。相手が苦しんでいるのに、自分のことで精一杯なんや。相手のことが見えていない。バッターが、今の場面で1球待っていれば、カウントは？

打者　2ボール1ストライクです。

中野　君が簡単にバントをしてくれた。ピッチャーはどう思う？

打者　……助かります。

中野　そういうこと。簡単にバントをして、相手を助けてしまう。そういうシーンが随所にあるじゃないか。さっきは初球。今度は2ボールから。相手がどういう立場にあるのか、自分たちはどういう立場にあるのか。ちょっと考えるだけで、野球が変わるぞ。

もし2ボール1ストライクになって、バッターが次の球をバントしてファウルにしたら、スリーバントしかなくなる。A先生、そこで「何しとるんや！」と叱ってしまったらダメなんです。君たちには、スリーバントでも決められる技術がある。相手のことを考えて、じっくり見ろ。確かに、2ボールからストライクを取りにきた球のほうがバントをしやすい。だけど、相手は「バントをしてくれた。ラッキー」と思う。相手との戦いなんだから、**相手が嫌がることを考えろ**よ。相手のことが少しわかっただけで、野球が変わるんや。いいか？

起きたプレーから学び、応用しろ

⚾一死一、三塁。2ボール1ストライクからの4球目。一塁走者がスタート。捕手は二塁へ送球したが、ワンバウンドになり、セーフ。この間に三塁走者が生還した

中野　集合！　少し前に私が説明したことを覚えている人？

――手が挙がらない

中野　じゃあ、もう1回言うぞ。このバントゲームでは、打者が見逃したら、捕手は必ずどこかの塁へ投げるルールになっている。試合ではありえないプレーだけど、キャッチャーの訓練になる。そう説明をしました。さっき、ワンアウトランナー一、二塁でキャッチャーが三塁へ投げたとき、「投げる塁だけを見て投げてはダメ。塁上にいる走者の動きをハッキリ見ることはできなくても、

周辺視野でとらえながら投げろ」と言いました。キャッチャー。一塁ランナーが走ったとき、君は二塁へ投げた。一塁ランナーのスタートはどうだった？

捕手　えーっと……。

中野　考えるということは、見えていないということやないか？　スタートは抜群によかったぞ。私は「二塁へ投げてもセーフになる」と思った。なぜ二塁へ投げた？

捕手　走ったのはわかったので、投げました。

中野　さっきのプレーは別のキャッチャーだったけど、人のプレーをしっかり見て、応用しないとアカンやないか。ランナーの動きを視界に入れて、スタートが早いか遅いかを瞬時に判断するんや。結果的に悪送球になって、1点を失った。こういうことにならないようにしろ。視野を広げることと、判断力をこの練習で訓練するんや。いいか？　一塁ランナーの動きが見えていたら、ピッチャーに投げるとか、二塁へ偽投するとか、そういうプレーは頭にあったか？

捕手　僕はセカンドがカットに入るサインを出して、それで低い球を投げたんですけど、セカンドがその位置にいなかったので、悪送球になってしまいました。

中野　あれ？　さっき言わなかったか？　三塁へのけん制のプレーで、「サインを出しても、思い込みで動くな」という話をしたぞ。これが怖いんや。サインで決めていて、それにしたがってやったら、結果的にエラーになった。これで負けたら、「カットに入ってなかったから」で済ますのか？　試合になると、みんな緊張する。日ごろからやってることの2割しか出ないかもしれんぞ。サインを決めて、動くのはオッケー。でも、味方がサインどおりに動かなかったら、それに対応しないとアカンやないか。野球のプレーにおいては、それが大事なんや。

もし君が二塁へ偽投したら、サードランナーはどうなっていたと思う？ サードランナーはキャッチャーが投げた瞬間にスタートを切っていたぞ。偽投して、すぐに三塁へ投げていたら、アウトになっていたんじゃないか？ 少なくとも失点はしなかったのは間違いないぞ。こうして自分が思ってもみなかったプレーが一つ生まれた。起こったプレーから、勉強するんや。そのために実戦練習をしているんや。いいか？

⚾なお一死二塁。右打者がバントの構えをする。初球、一塁手が前進してきた。打者はバットを引いて、見逃した。1ボールからの2球目。再び一塁手が前進。打者は一塁線にバントを転がした。右投げの一塁手は、体の左側で捕ると、反時計回りに回って三塁へ送球。しかし、二塁走者は打球を判断して二塁へ戻っていたため、一死一、二塁となった

中野 集合！ どうして今のプレーになったのか？ 検証するぞ。まず、バッターはどうしようと思っていたんや？

打者 初球にファーストが突っ込んできたので、ピッチャーとファーストの間に転がせば抜けると

思いました。

中野　プッシュバントを狙ったけど、失敗して、一塁線に強く転がったということやな。それならオッケー。初球でサードは前に来なかった。だから私は、君が三塁側に転がすと思って見ていた。だから、訊いたんや。

じゃあ、ファーストはなぜ三塁へ投げた？

一塁手　三塁で刺せると思って投げました。

中野　だから、今のプレーが起きたんや。相手を見ていない！　君は二塁ランナーを見ずに、「三塁へ走っている」と思い込んで、三塁へ投げた。相手と試合していない。自分の頭の中だけで野球をやっている。そこに気づけ！

しかも、捕ってから左回りに回転して三塁へ投げた。だから、ランナーが戻ったのがわからなかった。回転せずに、体を切り返していたら、ランナーの動きに気づけたはず。

こういうところにも、ボール回しで言った「回って投げるな」の意味が出てくる。悪送球になりやすいだけじゃないんや。

いいか。これを「しかたない」で済ますと、どんどん傷口が広がるぞ。今のは三塁へ投げるのをやめて、一塁へ投げていれば1つアウトが取れた。それを思い込みでやったから、アウトを逃した。これでは、いつまでたってもチェンジにならない。思い込みはダメ！

相手を考えて、守れ。そのためにランナーをつけて、相手がいる状況で練習してるんや。

練習で今のような状況に気づかないままやり過ごしてしまったら、試合に生きてこない。練習のための練習になってしまう。わかった？

⚾一死一、二塁。次打者の初球がボールになった。
一塁手は前進してきていたが、捕手は一塁へ送球する。
送球はやや逸れたが、一塁のベースカバーに入った二塁手がかろうじてキャッチ。
このとき、二塁走者はすでに二塁へ帰塁していた

中野 集合！ 今、私の声が聞こえた人？
選手 「来い」と言いました。
中野 スキがあったから、二塁ランナーに三塁へ「来い！」と言いました。ランナーはどうした？
二塁走者 戻りました。
中野 二塁ランナーの動きを見ていた人？
選手 キャッチャーが一塁へ投げたのを見ずに帰塁しました。
中野 そのとおり。彼はプレーを見ていなかった。さんざん「ボールから目を離すな」「ボールに背を向けるな」と言っているのに、まだまだボールから目を離している。ボールから目を離さなかったら、今のような相手のスキがちゃんと見えるんや。スキを逃すな！

一死二、三塁。打者がスクイズを仕掛けたが、ファウルになった。打者は下を向き、足場をならした

中野　集合！　今、スクイズを失敗した。失敗したあと、バッターは何をした？　仲間は、「頼む、決めてくれ」と思ってたのと違うか？　それを、君は失敗したんや。絶対に絶対に決めるという心構えでやっても、失敗することもある。そういうときはどうするんや？

打者　次に切り替えます。

中野　それも大事やけど、その前にすることがあるだろう？　「ゴメン！」とか「悪い！」とか、なぜ言えない？　今の態度は何や？　なぜ自分の世界に入る？　穴があったら入りたいんか？　スコップを貸そうか？（一同から笑いが起きる）人として、自分が取った態度をどう思うんや？

打者　謝ったほうがよかったです。

中野　チームプレーでは、そういう精神が大事なんじゃないか？　「悪い、次は任せてくれ！」。この明るさが大事や。そこから「よし、次は絶対に決めるぞ！」「次は頼むぞ！」となる。いいか？

二死二、三塁からの初球。左打者が三塁線ギリギリを狙ったセーフティーバントを試みるも、ファウルになった。

2球目。低めのボール球を同様にセーフティーバントを試みて、ファウルになった

中野　集合！　初球は、いいバントだったと思う。なぜか、わかるか？

打者　わかりません。

中野　わかる！　考えてないだけ。考えろ！

打者　セーフティーを狙ったからです。

中野　初球から、ピッチャーとサードが捕りにくるバントをした。いいチームなら、キャッチャーも動くかもしれない。相手を動かした、イヤらしいバントだった。

相手からすると、アウトにできるかもしれないと思ったけど、ファウルになった。「コイツら、イヤらしいことをしてくるな」と思うんや。初球からやるなら、ああいうバント。相手を苦しめることができる。バッター、2球目はどんな球だった？

打者　ボール球でした。

中野　あわてて同じようにバントをしにいって、ボール球をやってしまった。見逃していれば、カウントは？

打者　1ボール1ストライクです。

中野　それが、ボール球をファウルにして2ストライク。バッターは窮地に追い込まれたぞ。ピッチャーはどう思う？

打者　「助かった」と思うと思います。

中野　またしても相手を助けたわけや。ボールを見極める力をつけないと、相手を助けるだけ。わかるか？

相手が嫌がることをやっていく。みんなの頭には、今までになかった考えかもしれん。考えかたを変えるには時間がかかるけど、試合をやっていけばわかってくる。相手を苦しめるバント。相手を助けるバント。同じバントでも、この違いを理解しないとダメ。**相手にラッキーをプレゼントするな。**勝負の大事なところやぞ。

⚾二死満塁の場面で、打者がスクイズを敢行する。各走者がスタートを切ると、打者が投前に転がし、まず三塁走者が生還した。さらに投手が一塁へ送球する間に、二塁走者も本塁を狙う。一塁ベースカバーに入った二塁手が本塁へ送球するが、二塁走者はうまく回り込み、セーフになった

中野　集合！　セカンドランナー、すばらしい走塁でした！　名前は？

二塁走者　Eです。

中野　こういうときは、思わず何が出ると言うのかな？

E ぐうの音です。

——**選手たちから笑いが起きる**

中野 ぐうの音か！ ぐうの音は出ないんや。おもろいこと言うやないか（笑）。私はチーム1の攻撃の最後に、Kに伝えましたね。それをすぐに実践してくれた。Eはずっとプレーを見ながら、全力で走っていたな。

E はい。

中野 こういうことが大事なんや。人を見て、学ぶ。よっしゃ、オッケー！

三死一、三塁。2ストライクから、バントの構えをしていた打者がバットを引いた。捕手はストライクで三振、チェンジだと思って、プレーを止めた

中野 集合！ プレーヤーがジャッジするな！ キャッチャーがストライクかボールかを判断したらアカン。判断するのは球審。自分で判断せずにプレーを続けないと。バントゲームでは、打者が見逃したらどこかの塁へ投げるルールだろ？ 思い込みでプレーを止めてしまうと、そのほんの一瞬がスキになるぞ。

バントゲームが終わる

■練習後のミーティング

中野　バントゲームでは、いたるところで悪送球があったでしょ？　この現実に気がついてるか？

　最初のキャッチボールでもミスがあった。私は「こういう感じでキャッチボールをやっているなら、実戦形式の練習ではもっと悪送球やエラーが出るんじゃないかな」と思っていた。残念ながら、そのとおりになりました。

　今は3月ですから、夏までにあと4ヵ月ある。訓練していけば、だいぶ修正できると思うけど、夏の大会で今のようにミスが出たら、勝てないでしょ？　どうですか、A先生。

A先生　はい、勝てないと思います。

中野　いいですか？　キャッチボールができなかったら、負けるよ。キャッチボールは守りの練習や。攻撃の要素は一つも無い。守るだけ。アウトを取るだけ。そこで送球ミス、捕球ミスをすると、アウトが取れない。負けにつながるんや。

　みなさんは「キャッチボールも実戦につなげようと意識して、一生懸命やっています」と言うかもしれない。でも、現実に実戦練習をしたら、悪送球が出たり、エラーが出たり、ピッチャーはストライクが入らなかったりする。それがみなさんの今の力です。

　キャッチボールのときにも言いましたが、練習でノーミスを心がけるだけで、だいぶ変わるぞ。「この1球のキャッチミス、スローイングミスで負ける」と思ってキャッチボールをするのと、何も思わずに、ただの肩慣らしだと思ってするのとでは、日が経つとものすごい差になって出てきます。いいですか？　だからキャッチボールは大事なんや。

キャッチボールは、アウトを取るための練習。負けないための練習。そう思ってやれよ。

相手が見えれば野球が変わる

中野　数時間しか見ていない私が言うのはおこがましいですけど、今日の練習で感じたことを言います。みんな、一生懸命やっています。でも、その一生懸命は、すべて「自分」に向いている。それでは結果につながらない。野球というゲームには、「相手」がいる。その本質を考えてほしい。結果というのは、何や？

選手　試合に勝つことです。

中野　週末に練習試合がある。その試合か？

選手　いいえ、夏の大会で勝つことです。

中野　どこまで？

選手　決勝で勝つまでです。

中野　私は、いつもそこに焦点をおいています。君らは、優勝できるか？

選手　今のままでは、できません。

中野　ということは、こうじゃないってことやな？　みんなは、こうじゃないことを一生懸命やっているんや。じゃあ、何を変えるか？　みんなは、目の前のプレーよりも、自分たちの約束ごとを大事にしている。つまり、相手を見ず、自分のことだけを考えているということや。そこに気づかないとダメ。

勉強は、おそらく努力して自分の力を発揮すれば、定期テストで点が取れる。でも、野球というゲームでは、相手が力のあるチームなら、自分たちの力を封じ込められるぞ。練習でやったことなんか、すぐにふっ飛んでしまう。そんなことも想定して、やらなきゃいけない。努力のベクトルを自分に向けただけでは、結果につながらない。つまり、相手のことを考えて努力しないといけないということや。

そう考えると、野球の練習は非常にやりがいがあるな。奥が深い。相手と戦うなかで負けや失敗を知っているからこそ、勝ちに向かって、いろんな反省があり、努力のしがいもある。

君たちは一生懸命やることができるから、ちょっとだけ方向性を変えるだけで、日に日に変わっていくと思います。

落ち着いて、相手を見なさい。相手が見えるようになったら、野球が変わるぞ！

それと、もう一つ。明日の練習から、ボールから目を離さないで練習をしてください。

今日はメインの練習でバントゲームをやりましたが、その間、グラウンドのまわりではブルペンで投げている人、ネットスローをしていた人、ティーバッティングをしている人がいましたね。それはそれでオッケー。自分で必要な練習をしていてもいい。

「ボールから目を離さない」というのは、グラウンドの中でプレーしている、たった一つのボールのことを言っています。

まわりでどんな練習をしていてもいいから、グラウンドでプレーがあるときは、全員の眼差しが1球に集中する。プレーが動いて、合間ができたら、自分の練習をする。手間がかかりそうだけど、それが大事です。

グラウンドは、勉強の場。チームプレーを高める場です。**「この1球」から目を離さない。ボールに背を向けない。**そうすると、相手の野手やランナーの動きも見えるようになっていく。明日からは、そういう意識でやっていこう。

指導2日目

バットスイングは何のためにする?

朝の自主練習。W選手(右打者)がバットスイング(素振り)をしている

中野 Wは今、どこを見て、スイングをしてる? 「バットスイングしろ」と言うと、たいていの選手は、バットの芯のあたりを見ながら振るんと違うか? ボールがそこに当たるイメージで。

素振り中のW　はい。

中野　やっぱり君もそうか。でも、手元を見たスイングでは、「速い！」と思ったときにボールのスピードに差し込まれてしまうぞ。18・44メートル先からボールを見る。それがスピードを殺す一番の方法や。「ボールをしっかり見ろ」と言うけど、自分の手元にくるまで見てはダメなんや。それと、1分間に4回のペースでスイングするとして、Wはどれくらい集中力を持ってできる？

W　30分くらいです。

中野　ただ振るのではダメやぞ。目的を持って、真剣に振る。それを毎日できるかどうか。1日10分でもいい。毎日コツコツやるんや。

昨日は1時間振った。今日はやらない――ではダメ。1日10分でも毎日積み重ねていくと、体が覚えていく。

バットスイングは、誰かがボールを投げてくれなくても、一人でできる。毎日コツコツ続けていった人は、この練習の意味や大切さがわかる。それがわからないという人は、毎日続けないから、わからんのや。

――自主練習をしていたほかの選手たちも集まってきた

ところで、バットスイングは何のためにするんや？　みんな、自分の最高の形で振る練習しかしない。タイミングを崩されたり、差し込まれたりした形で振ることはないんと違うか？

選手1　はい。

選手2 したことないです。
中野 じゃあ、1年間の試合の中で「自分の最高の形でスイングできた」というのは何回あるんや？
選手1 そんなにないです。
選手2 1回あるか、ないかです。
中野 バッティングというのは、そういうものや。相手は崩そうとして投げてくる。試合でピッチャーと対戦したら、自分のスイングなんかさせてもらえない。
では、何のためにバットスイングをするんや？
W フォームを身につけるためです。
中野 それもあるけど、最高の形でスイングをすることで、バットを振る力をつけるためや。
ウエートトレーニングも大事やけど、各部位を鍛えるだけではバットを振る力は身につかない。ベンチプレスで何キロ挙げられるか、スクワットが何回できるかという能力とは、まったく違う。バットを振るというのは、全身を連動させる動きだから。
振る力をつければ、試合でピッチャーが投げたボールをひきつけてスイングできる。いいピッチャーと対戦したときに頼りになるのが、この力や。
振ったら振っただけ、力がつくぞ。でも、少しでも怠けると、すぐに衰えてしまう。
どれだけコツコツと毎日続けられるか？ 1日10分でいいから、毎日続ける。気がついたら習慣になっている。歯磨きといっしょや。その1日10分の積み重ねが、「ここ！」いう場面で出る。

成果は見えにくいし、いつ形になるかわからない。それでもやっておかないと、いつになっても成果は出ない。このことをわかっておかないと、バッティングはけっしてよくならないよ。

選手たち　はい！

個人の目標をどこに置くか？

O選手がネットに向かって置きティーを打っている

中野　バッティングで、個人の目標はどこに置いている？

O　1試合に1本以上ヒットを打つことです。

中野　出塁率を考えたことあるか？

O　……4割くらいですか？

中野　私に訊くな（笑）。自分のことやぞ。

ヒットというのは、個人評価。チームの成績とは関係ない。いい当たりを打って、内野手がはじいた。ヒットだと思ったら、「E」のランプがついた。それでふてくされている選手をよく見る。逆に内野手は「エラーだ」と思ったら、「H」のランプがついて、ホッとすることがある。君も、そういう光景を見たことがあるんと違うか？

O　はい、確かによく見ます。

中野　じゃあ、ヒットかどうかは、誰が決めるんや？

O　審判です。

中野　審判が決めるのは、アウトかセーフやろ？

O　あ、記録員ですか？

中野　そう。公式戦では公式記録員が決める。安打というのは、そういうもの。その人の判断で変わることがある。あまりあてにならんということや。

　大事なのはヒットかエラーかでなく、塁に出るかどうかや。バッティング練習ではヒットを打つ練習をするけれど、試合ではフォアボール、デッドボールを含めた出塁を目指せ。それがチームの勝利に貢献するということ。

　じゃあ、フォアボール、デッドボールを稼ぐにはどうすればいい？

O　……。

中野　考えたことがないやろ？　ヒットを求めるのか？　出塁を求めるのか？　求めるものが変わるだけで、スタイルは大きく変わる。そのための練習方法も変わるぞ。
　ヒットを求めていると、チャンスでもなんでもない場面でヒットが打てなくて、がっかりする。そこからバッティングが崩れていくこともある。それはチームにとって意味がない。

ランナーがいないとき、出塁するためにどういうバッティングをするか？ ここはランナーを進めたい。ここはランナーを還したい。そういうときにどういうバッティングをするか？ それを考えながら練習しよう。

無意識で出るクセに気づき、意識して直せ

⚾放課後の練習が始まる。
実戦に近づけたダッシュなどウォーミングアップが終わった

中野 集合！ これから近い距離でキャッチボールをします。

ただ投げるだけじゃなくて、上から投げたり、横から投げたり、下から投げたり、いろいろな投げかたでやってください。ただし、足は必ず動かすこと。野球の試合では、両足を地面に着いたままプレーすることはほとんどないから。捕ったら、握り替えを早く。両足をすばやく動かして、ステップして投げる。

昨日言ったように、キャッチボールは負けないためにやる練習や。日ごろから一球一球、試合を意識しながらやらないといけない。

何気なくやってしまうと、そのプレーが試合に出るぞ。そのワンプレーが命取りになることもある。そういう意識でやろう。

選手たちが近い距離でのキャッチボールをする

中野　集合！　次は、距離を離していく。あえて山なりの緩いボールを投げてみよう。

距離を離しながらキャッチボールを開始する

中野　集合！　昨日言ったことが、できてない選手がいるぞ。リリースポイントや投げたボールの軌道を見るな！　目標物を見つめて投げろ。

自分でわかってるか？　わかってないから、できてないんや。無意識に目で軌道を追ってしまっていて、自分では気づいていない。相手をしている選手が気づいたら、言ってやれよ。

何気ないことだけど、目線がコントロールの大部分を占めるんや。小さい頃から、自分が投げたボールを目で追うクセがついている選手が多い。そのクセを直すのは大変やぞ。悪いクセがある人は、よほど意識しないと、直らない。まずは「目標物を見る」を意識してやっていこう。やっていくうちに、それが無意識でできるようになるから。

キャッチボールが終わる

ペッパーは打撃の基本を習得する練習

中野　集合！　今から、2人1組になってペッパーをやってください。バッティングの基本はセンター方向へ打ち返すこと。毎日、何気なくやってるかもしれんけど、基本がつまった練習やぞ。今からお手本を見せます。君、投げてくれ。

――私が実際に打ちながら、以下の解説をする

中野　最初は極端なオープンスタンスで、体を開いた状態で打ってもいい。慣れてきたら、スクエアスタンスに戻す。はじめはピッチャーにワンバウンドで打ち返す。ときにはノーバウンド、ツーバウンドで打ち返せるようにやっていくことで、自分で打球をコントロールできるようにするんや。やってみよう。

選手たちが2人1組でペッパーをする

中野　集合！　みんなバットを長く持っているな。さっきお手本を見せたとき、私はバットをどう持っていた？　答えられる人？（手が挙がらない）そこは見てなかっただろう？　私は一握り短く持って、打ちました。

バットを長く持てば持つほど、バットコントロールは難しくなる。短く持てば、バットをうまくコントロールして打てる。握ったところを支点として、リストも使えるようになるから、コンパクトなスイングができる。そこを意識して、やってみよう。

⑪バットを短く持って、ペッパーを再開する

中野　集合！　君、名前は？

選手　Yです。

中野　じゃあ、Y。代表して、みんなの前でペッパーをやってくれ。

――**Yがペッパーをやって見せる**

中野　Yは非常にバットコントロールがいい。いいお手本です。

自分なりの方法でやるのもいいけど、いい手本を真似するほうがいい。みんな、よく見て、いいものは目に焼き付けとけよ。

自分の打ち方がいいのかどうか、自分で気づけよ。ボールの行方を見ればわかるでしょ？

真似をするのは上達の第一歩。お手本どおりにできなくても、お手本に近づくようにやっていけば、今までの自分じゃないものになっていくから。もう少し、続けてやってみよう。

ペッパーが終わる

ボール回しでも対戦相手のスピードをイメージする

中野　集合！　次はチームを２つに分けて、塁間でボール回しをします。ピッチャーも外野手も各ベースに分かれて入ってくれ。時間は４分間ずつ。最初はホームから三塁、二塁、一塁、ホームの順。マネジャーは時間を計って、２分経ったら言ってくれ。そこから逆回りで回すぞ。昨日、練習の終わりのミーティングで私が言ったことを覚えている人？

選手１　練習でノーミスを心がける。

選手２　野球には相手がいる。

中野　そう。ほかには？

選手３　ボールから目を離さないで練習をする。

中野　そう。一方のチームがやっているとき、待っているチームはグラブのポケットにボールを当てて握り替える練習をしてくれ。ボール回しを見ながら、「ポン、ポン、ポン」とやる。グラウンドの１球のボールから、目を離すなよ。よし、いこう。

チーム１のボール回しが終わる

中野　集合！　まだまだボールから目を離す選手がいるな。自分が投げ終わって列の後ろへ回るときも、順番を待っているときも、ボールから目を離すな！　仲間のプレーを見ろ！

何事も、最初は意識してやることから始まる。その積み重ねで、次の段階では無意識でできるようになるから。それまでは意識してやらないとダメ。

目を離さないことだけを意識したら、ボール回しの動きが硬くなる。いったん忘れてもいいから、誰かから「目を離すな！」「ボールに背を向けるな！」と指摘されたら、パッと思い出せ。そのときに気がついて、やればいいから。

ボールから目を離さない利点は、やっていくうちに必ずわかります。簡単そうだけど、気を抜くと悪い習慣が出るぞ。じゃあ、交代しよう。

⑪チーム2のボール回しが終わる

中野　集合！　1つのボールに集中できるようになって、コントロールミスも少なかった。こんな感じでやれるようになれば、失点が少なくなると思います。
昨日のボール回しで、ショートの選手が言ったことを覚えてるか？
選手　遅い、と言いました。
中野　そう。君たちの基準は、どこに置けばいいんやったかな？　アウトを取るランナーに想定しているのは？

選手　強豪私立の足の速い選手です。

中野　そうや。実戦では、相手のランナーと競争や。基本どおりに、ミスなくできても、遅ければセーフ。それでは意味がない。

さっきキャッチボールでやったように、ボールを捕ったらすばやくステップして、投げる。軸足が着地するのが早いか、腕を振り始めるのが早いか……という感じや。スナップスローでもいい。そういうことを考えてやり出すと、いろいろなテクニックが身につくから。そこを意識して、もう1回ずつやろう！

両チームのボール回しが終わる

中野　集合！　君たちのプレーが、昨日までと変わったんと違うかな？

何のためにやるのか？　基本に忠実にやるのも大事やけど、それでセーフになったら元も子もない。アウトにするためにやる。試合に勝つためにやる。それがわかったことで、プレーが変わってきている。県ナンバーワンに近づきました。さあ、どれくらい近づいたと思う？

選手　かなり近づきました。

中野　かなり？　私の目からすると、1ミリだけ近づいた。そんなに甘くないよ、甲子園は。

こうやって普段から相手を意識して、やってください。相手のランナーがどれくらいのスピードなのか、自分たちで仮想するんや。いいか？

選手たち はい！

不安がミスを誘発する

中野 次は、内野の定位置についてボール回しをします。チームを分けずに、全員が入る。ピッチャーも外野手も、どこかのポジションについてくれ。時間は5分間です。

まずはキャッチャーからサード、ショート、セカンド、ファーストと時計回りに回す。2分30秒経ったら、キャッチャーが「逆！」と声をかけて、逆回りに回す。さあ、いこう！

⑪ボール回しが終わる

中野 その場で聞いてくれ。次は、ボール回しの方法を変えます。

1回しか言わないぞ。キャッチャーからセカンド、セカンドからサード、サードからファースト、ファーストからショート、ショートからキャッチャーの順でボールを回せ。さあ、やってみよう！

⚾捕手がボールを二塁手に投げると、二塁手が戸惑いながら遊撃手へ投げた。選手から「違うよ」の声が出る。二塁手が「もう一度、お願いします」と説明を求めた。しかし、私は「ダメ！」と言って、再開させる。すると、遊撃手が捕手に投げたが、高く逸れて悪送球になった

中野　ストップ！　その場で聞いてくれ。私はなんと言いましたか？

選手　1回しか言わない、と言いました。

中野　1回しか言わないから、相当な集中力を持って聞かないとアカンやないか。初めてやることだから、難しいぞ。試合では「もう1回お願いします」はないんや。いいか？　それを考えろよ。もう1回。またちょっと変えて言うぞ。私は意地悪やから（笑）。キャッチャーからショート、ショートからファースト、ファーストからサード、サードからセカンド、セカンドからキャッチャーの順。いいか？　よし、はじめ！

⚾ボール回しを始めたが、送球ミスが起きる

中野　集合！　なぜミスが続くのか？　キャッチャー、どう思う？

捕手　さっきまでとやることが変わったからです。

中野　みんな、ちょっとした変化で不安になっている。まわりを見まわして、人に頼ったり、尋ねたりしないと、不安でしかたない。そんな気持ちのままプレーするから、ミスが起きるんや。

さっきまでは、ミスなくできていた。そこで、私があえて君たちが不安になるような状況をつくったわけです。

君たちは、いつもこんな不安な感じで試合をしてるんじゃないか？　そんなときにミスが出る。ミスが出たら、またあわてるから、ダブルエラーになったり、エラーが続いたりする。そうやって自分たちから崩れて、負けていくんじゃないか？

どうしたらいいか、わからない。不安でしかたない。誰かに頼りたい。そんなときにミスが起こる。それを覚えておけよ。なんとなく自分の心境がわかるでしょ？　そういうときこそ落ち着け。あわてるな。ミスをしたあとも、冷静になれ。そうすれば、ミスが減らせるんや！

試合では、監督が伝令を出してマウンドに集まれるのは、3回しかない。キャッチャー、内野手がピッチャーのところへ行ける回数も、1イニングにつき1回、1人だけになった。タイムの使いかたも頭に入れておかないと、試合であわてることになるぞ。

次は、最初の3分間で、キャッチャーからセカンド、セカンドからサード、サードからファースト、ファーストからショート、ショートからキャッチャー。

3分後に「次！」と言ったら、キャッチャーからショート、ショートからファースト、ファーストからサード、サードからセカンド、セカンドからキャッチャー。さあ、いこう！

ノックをランダムに打ち、実戦に近づける

中野　集合！　次は内野ノックをしよう。ピッチャーは1人ずつマウンドに立ってくれ。外野手も内野に入ってください。プレーする選手以外は、後ろで座って待つ。プレーしないピッチャーは、ファウルゾーンで待っていてくれ。

状況はノーアウト、ランナーなし。ボールから目を離さずに、仲間のプレーを見とけよ。ピッチャーは投球動作をする。軽くでいいから、投げるフリだけしてくれ。試合の雰囲気は醸し出せよ。

それに合わせて、ノッカーが打ちます。ノッカーは、ピッチャーが投げた球を打つイメージで。ピッチャーのモーションにタイミングを合わせてトスを上げて、打つ。実際のインパクトのタイミングで、ノックを打つということです。

どこへ打つかは、わかりません。試合と同じです。試合では、サードから順番にボールが飛んだりしないから。

アウトにしたら、ボール回しをします。ファーストが捕ったら、キャッチャーへ。3→2→5→6→4→3と回して、そこからピッチャーへ。ピッチャーはマウンドからキャッチャーへ投げ

る。そこまで終わったら、すぐに次のピッチャーがマウンドへ行く。
練習の流れではなく、試合の流れで。いいか？　じゃあ、いこう！

⚾内野ノックを始める。何人かがプレーしたあと、三塁手がボールを大きくはじいた

中野　集合！　今、エラーしたな。打ち取った打球が、アウトにならなかった。エラーしようと思ってやっているのか？

三塁手　思ってないです。

中野　思ってないよな？　思ってないのに、エラーが出る。エラーが出ると、味方はどういう気持ちになりますか？

三塁手　がっかりします。

中野　相手は？

三塁手　喜びます。

中野　そう、相手は喜ぶんや。勝負には、そういう裏表がある。エラー一つで、味方は「しっかりしろよ」となる。相手は「よし、ここだ！」となる。そういうとき、次に何が起きる？

三塁手　………。

中野　ミスをついて、攻められるんや。すかさず盗塁されるんと違うか？　一つのエラー、一つのフォアボールが命取りとなって、勝てる試合を落とす。私はそんな試合を何度も経験してきました。ミスは、自分たちにとって痛い。相手は「ラッキー！」と喜ぶんだぞ。相手にラッキーをプレゼントしたら、勝負には勝てません。いいですか？
　練習であっても、絶対にエラーをしたらアカン。なにがなんでもアウトにする。そのための練習だと思って、やろう。

ノック再開。しばらくすると、プレーを待っている選手の一人が、よそ見をしていた

中野　集合！（よそ見していた選手に向かって）今、君は何を考えとったんや？
選手　いえ。
中野　「いえ」じゃない！　答えになってない！　今、君はよそ見しとったやろ？　こっちから見えてないと思うかもしれんけど、私はちゃんと見とるんや。
　いいか、仲間のプレーをしっかり見とけよ。1球のボールから目を離すな！　**視覚や聴覚、五感を使って、仲間や相手が何をしているのか、次に何をしようとしているのか、感じ取れ！**
　スマホを見ながら道を歩いたら、どうなる？
選手　人とぶつかります。

中野 そう、視覚を奪われたまま歩いたら、そうなる。それと同じことや。いいか、野球は危険なスポーツなんや。グラウンドでボーっとしてたら、ケガするぞ。つまらんケガをしたら、自分の成長を妨げるぞ。みんなに迷惑もかける。集中せえ！

投手は一人目の内野手

ノッカーが打ったゴロが投手のすぐ横を抜け、遊撃手が処理した

中野 集合！ ピッチャー。今のは捕れんかったか？

投手 捕れました。

中野 捕れたな。君は、反応すらしなかった。「内野ノックだから」と思ってるのかもしれんけど、今のはピッチャーゴロや。

負けないチームになる必須条件が、ピッチャーのフィールディングです。バッティングの基本はセンター返し。ということは、どこに打球が飛ぶ確率が高いんや？

投手 ピッチャー、セカンド、ショートです。

中野 そう。つまり、ピッチャーのフィールディングがうまければ、アウトにできる確率が高いと

いうことや。ゴロがピッチャーを抜けたら、それだけエラーになる確率が上がる。そう思っておけ。たとえば、試合でツーアウトランナー三塁だったら、内野手はどんな心境になる？　君はどうや？

三塁手　緊張します。

中野　そうやな。「ここはエラーできない」って硬くなるんと違うか？　そういう場面でピッチャーがゴロをさばいてくれたら、どう思う？

三塁手　ホッとします。

中野　そう、ホッとするぞ。**ピッチャーは捕れる捕れないは別にして、打球に反応しろ。そうすれば、捕れる打球が増えていく。**ピッチャーが捕れるゴロは、ピッチャーが捕る。そう思ってやると、野球が変わるから。

こうやってみんなでいっしょにノックを受けると、ピッチャーと外野手の守備がうまくなるんや。

ピッチャーは別メニューで練習することが多いけど、こうやって内野ノックに入ると、チームの様子がよくわかるだろ？　チームがどんなふうに動いているのか？　どんな練習をして、どういうレベルになってるのか？　もちろんフィールディングやベースカバーの練習をする意味もあるけど、チームを知るためにも内野ノックに参加するのが大事なんや。

外野手も「オレは外野手なのに」と思うんじゃなくて、うまくなるためにやるんや。内野手の動きを理解しておいたら、試合でのバックアップにも役に立つ。

練習のための練習をしてるんじゃないぞ。試合のための練習、勝つための練習をしてるんや。

じゃあ、続けよう。

⚾ 内野ノックが終わる

中野 集合！ エラーをしない守備陣、フォアボールが少ない投手陣は、相手にスキを与えない。それが君たちの目標に近づくチームです。

エラーが多いチーム、フォアボールを出す投手は、相手が「そのうち崩れてくれる」と思う。相手にスキを見せて、喜びを与えてしまうチームでは、負けるぞ。

ピッチャーが「打たせていけばアウトにしてくれる」と野手陣を信頼する。野手陣は「無駄なフォアボールは出さない」と投手陣を信頼する。お互いが信頼関係を築いていけば、目標に近づいていく。いいな？

選手たち はい！

中野 じゃあ、今から紅白戦をやります。その前に、内野のグラウンド整備をしてください。その間に、外野手は外野でノックをします。

自分のことだけに集中するな

⚾外野ノックが始まる

中野　集合！　今、前の人への打球が飛んだら、次の人が「僕の番です」という感じでノッカーを見て、打球に備えている。それではダメ。短時間で数をこなすために間隔をつめようとしたんだろうけど、効率よりも大事なことがある。

野球はチームプレーであり、相手がある。仲間のプレーを見て、相手のプレーを見て、やらないとアカン。さっきのボール回しと同じじゃないか。メニューが変わったら、すぐ忘れる。気づいて、直せよ。

練習からそれを習慣づけないとダメ。君たちは自分が打球を捕ることに集中して、ほかの人のプレーにまったく関心を持っていない。それではうまくならないぞ。

人のプレーを見ることも、すごく大事。いいお手本もあるから、捕って、投げ終わるまで見る。吸収すべきところは、吸収する。自分のことだけを考えるなよ。まわりや相手を見るようになると、野球の見方が変わるから。

⑪内野の整備は終わったが、最初に登板する予定のH投手の準備がなかなか終わらない。ほかの選手はそれを待っている

中野 集合！ H、何をグズグズやってるんや？
今日の練習が始まってから、ペッパー、ボール回しまで含めて何球投げた？ 少なく見積もっても70球は投げたんじゃないか？ それぐらいボールを投げて、「まだ肩ができないから、待ってくれ」と言うようだったら、ピッチャーとしては失格や。自分のことに精一杯になってるけど、みんなが君を待っているんや。それをわかってるか？

H はい、すみません。

中野 ブルペンでいくらいいボールを投げたからって、マウンドでいいボールを投げられるとは限らないよ。試合では、どんな悪条件が起こってくるか、わからない。自分の思うようにはいかないぞ。ボール回しであれくらい投げていたら、すぐにでも投げられる。そういう感じがなかったら、いいピッチャーになれないぞ！
いいか、試合は別モノや。いくら練習でいいピッチングができても、試合になって緊張したら、ガラッと変わるぞ。ブルペンできっちり準備して、試合になったらガタガタというピッチャーをたくさん見てきたよ。
ボール回しを見ていると、いいボールを投げている野手がいっぱいいる。「この選手たちがピッチャーになったら、いい球を投げるんじゃないかな」と思いながら見ていた。彼らは、今はピッチャーをしていないだけの話や。試合になったら、そういう選手がひょいひょいと投げて、5回6回を抑えられる可能性がある。君の出番なんか、あっという間に奪われるぞ。

君を待っているせいで、紅白戦がいつまでたっても始まらないじゃないか。ほかのみんなは、それに気づいてないのか？ 気づいていても、何も言えないのか？

こういうことを感じながらやらないとダメや。だてにあんなボール回しをしてるんじゃないんだぞ。結構な球数を投げてるぞ。そうやって鍛えていくんや。

1996年夏の甲子園決勝での松山商業の「奇跡のバックホーム」を知ってる人？

――選手たちの手が挙がる

中野 あのライトの選手は、10回裏に監督がベンチから急遽ライトへ行かせた。キャッチボールをしてないんだぞ。肩をグルグル回しながらポジションについて、その直後にフライが飛んできた。それであのダイレクト返球をしたんや。

ああいう土壇場で、やっぱり日ごろの鍛錬の賜物が出る。入念にベンチの前でキャッチボールして出て行ったからといって、いい結果が出るかどうか、わからん。日ごろから鍛錬してたら、急遽でもできるものなんや。

肩なんて、慎重に準備しても、たった1球で壊れることもあるぞ。自分の肩を粗末にせずに、ケアを心がけている人は5年でも10年でもずっと投げ続けられる。元中日の山本昌のように。ピッチャーはそういう考え方でやれ。ピッチャーで試合は変わるんやから。

攻撃では相手が嫌がることをしろ――紅白戦

紅白戦の準備が終わる

中野 集合! 週末に練習試合がありますね? 練習試合では勝ちも大事だけど、それ以上に何をやっていくかが大事。本番は夏ですから。負けてもいいと言っているわけではないけど、何か夏につながるものを得よう。

エースが1試合を一人で投げ切れるようでないと、県で優勝するのは難しい。2人も3人も大黒柱になれるピッチャーがいればいいけど、県立高校ではそんなに投手層は厚くないでしょ?

そこで、週末の練習試合では1試合を90球で収めることを目指してほしい。練習試合だから何人か継投すると思うけど、継投しても合計90球まで。1イニングに換算すると、10球。これは結構難しいよ。初球からドンドン打たせるんや。ストライクゾーン付近に投げないと、バッターは打ってくれないぞ。1試合を90球で収めようとすることで、打ち取る方法が見えてくるから。そこにチャレンジしてください。

では、今から2年生対1年生の紅白戦を3イニングやります。6回まで0対0で、7回からという想定です。キャッチボール、ボール回し、ノックは守備の練習でした。アウトを取るための練習、相手にスキを与えずに失点を防ぐための練習をしましたね。今度は攻撃が入る。攻撃で大事なことは？

選手　相手のスキを突いて、アウトにならずに進塁することです。

中野　よっしゃ！　ほぼ正解を言ってくれた。ヒットを打つことも大事。バントを決めることも大事。もっとも大事なのは、**相手チームが嫌がることをする**こと。特に誰に嫌がることをすればいい？

選手　ピッチャーです。

中野　そう。その次は？

選手　キャッチャーです。

中野　そうや。まずはピッチャー、次にキャッチャー、その次は？

選手　内野です。

中野　違う。

選手　相手の監督です。

中野　そのとおり！　相手の監督が「このチーム、ちょっと嫌やな」と思ったら、どういうことをすると思う？

選手　戦略を変えてきます。

中野　そのとおりや！　ときには選手まで代えてくるかもしれんぞ。そうなったら、しめたものや。さあ、これからの3イニングで、君たちがどんなことをするのか。楽しみに見ておきますから。攻撃はノーサインでやろう。試合状況に応じて、自分で考えてベストのプレーを選択して試合を進めてみろ。仲間と相談してもいい。思い切ってやってみてくれ。

まわりの声が聞こえる感性を持て

⚾紅白戦が始まる。7回表の1年生チームの攻撃。二死から三番打者が左翼線への打球を打つ。二塁は微妙なタイミングだったが、中継に入った遊撃手は二塁へ投げなかった。次の打者が打席に入り、H投手が捕手のサインを見始めた。ここで私が「ストップ！」と何回も声をかけたが、H投手はプレートを外さない。まわりの選手も次々に大きな声で「ストップ！」と言うが、H投手はまったく気づかない。一人の選手が一塁側ベンチから出て、大きく手を広げたのを見て、ようやくプレートを外した

中野　集合！　ピッチャー、今、私は何回「ストップ！」と言った？

H　わかりません。

中野　5回は言ったぞ。そのほかにも全員で「ストップ！」と何回も言った。マウンドに上がったら、まわりの声が聞こえなくなる。自分のことで精一杯や。そういう己の現実を理解しろよ！公式戦になったら応援や歓声があって、もっと聞こえなくなるぞ。どんな状況でもまわりの声が聞こえるくらいの感性で野球をやらないと、いいピッチャーにはなれんぞ。

それと、ショート。今、なぜ二塁へ投げなかった？

遊撃手　ランナーを見て、セーフだと思ったからです。

中野　アウトかセーフか、誰が決めるんや？

遊撃手　審判です。

中野　なぜ君が決めるんや？　君にはジャッジの権限はないんだぞ。今のはアウトかセーフか、わからない。アウトにできる可能性があった。君は審判じゃない。それをわかって野球をやれ。

打者は積極的に振ってくる。それを利用して打ち取れ

> 二死二塁から、ワイルドピッチで走者が三進。捕手が三塁へ送球したが、三塁手はタッチできなかった。

しかし、打者を三振にしとめ、攻守交代となった

中野　集合！　ファースト、この回にピッチャーは何球投げた？

一塁手　……。

中野　球数をわかって野球をやらなアカンぞ。Hは自分でわかってるか？

H　えっと、14球か15球です。

中野　そう、15球投げた。さっき「1試合を90球で」と言ったな？　1イニング10球や。三番バッターに二塁打を打たれなかったら、10球で済んでいた。1イニングを10球で終わらせるということは、バッターに振らせる球を投げるということや。

今のイニングは早いカウントからワンバウンドになるボールを投げていたけど、それでは10球には収まらんぞ。ストライクゾーンに近いところに投げれば、バッターは振ってくるから。**最近はどこのチームもファーストストライクから積極的に振ってくる。それを利用して、打ち取るんや。**バッターをねじ伏せるような力はいらない。バックを信じて野球をやれ。

H　はい。

中野　それと、サードランナー。ちょっとしたワイルドピッチで三塁へ進んだ。いい走塁だった。でも、タイミングは？

走者　アウトでした。

中野　そう。サード。なぜアウトにできなかった？

三塁手　自分がベースの前（本塁寄り）に出て、送球を捕ったからです。

中野　じゃあ、どうすればよかったか、やってみろ。

――三塁手が三塁ベースをまたいで捕球して、タッチする

中野　そうや。ちょっとしたことでアウトとセーフが変わる。それでピッチャーが救われるじゃないか。そういう意識で野球をやれよ。

7回裏。2年生チームの攻撃。無死一塁。1ストライクからの2球目に走者がスタートを切る。バッターが打ったが、ファウルになった

中野　集合！　バッター、念のために確認するぞ。今のはエンドランのサインが出ていたのか？

打者　いいえ。サインではないです。

中野　なぜ打った？

打者　ランナーが走ったのが見えたので、転がせばランナーを進められると思って打ったんですけど、ファウルになってしまいました。

中野　ランナーがスタートを切ったのは見えたんやな？　スタートはよかったか、悪かったか？

打者　スタートがよかったか悪かったかはわかりませんでした。
中野　走ったのが見えたというのは、初歩の段階。まずはそれでオッケー。次は、スタートの良し悪しがわかるようになっていこう。そういうことが見え始めたら、野球が変わるから。ランナー、今のスタートはよかったか、悪かったか？
走者　自分としては、よかったと思います。
中野　じゃあ、バッターが打ってなかったら、セーフということやな？
走者　たぶん、セーフだと思います。
中野　こういうことを、**プレーが終わったあとに自分たちで検証していく**んや。お互いが「今のはスタートがよかったから、打たないほうがよかった」とか、「スタートが悪かったから、打ってくれて助かった」とか。今の段階では「走ったから打った」でオッケー。よっしゃ、続けよう。

⚾ 7回裏、一死一、三塁。投手からの一塁けん制球を一塁手が捕れず、三塁走者の生還を許した

中野　集合！　ファースト、なぜ後逸した？
一塁手　ランナーと交錯しました。
中野　ランナーが悪いのか？

一塁手　いいえ、ランナーは悪くありません。

中野　じゃあ、誰が悪いんや？

一塁手　自分です。

中野　そう、君が悪いんや！　終盤の痛い1点じゃないか。「なにがなんでも」という気持ちが大事なんや。夏の大会で「あれはランナーと交錯したから……」なんて、言ってられないぞ。アウトかセーフか、勝つか負けるか。なにがなんでもアウトにするんや。ランナーと交錯することくらい、頭に入れておかないとアカン。
どうやって捕って、アウトにするか。そこを練習するんや。後逸したら、点を取られて負けてしまうやないか。それをわかって練習するかどうかで、変わるんや。
厳しいことを言うけど、それをわかれよ！　試合では相手のせいとか、投げた味方のせいにはできんぞ。その1球で勝ち負けが決まるんや。そこをよく考えろ。「練習だから」で済ますなよ。1球をおろそかにするな！

相手が嫌がるのか、相手を助けるのか

8回表。1点を追う1年生チームの攻撃。

先頭打者がカウント3ボール1ストライクから打って、セカンドゴロに倒れた

中野　集合！　バッター、なぜ今の球を打った？
打者　甘かったからです。
中野　甘いというのは、どんな味がするんや？
打者　えーっと、砂糖の味です。

――**笑いが起きる**

中野　面白いやないか！　もう1球、待とうという気はなかったんか？
打者　甘いストレートがきたら打とうと思っていたら、その球が来たので、打ちました。
中野　その割には凡打やないか。
打者　すみません。自分の技術不足です。
中野　技術不足？　試合では、それでは済まんのや。勝つか、負けるか。1点負けてる場面で、君が塁に出ようとしているかどうかが問題なんや。
　甘い球を打ったとして「ナイスバッティング！」となる確率はどれくらいあると思う？
打者　3割です。
中野　いいピッチャーを相手にしたら、もっと低い。1割くらいかもしれん。君は、その1割を信じてやってるということや。

甘い球というから、ストライクだったんだろう。今の1球を見逃したら、フルカウントになる。さらにそこから粘る気はないのか？　さっき言っただろう？　攻撃で大切なことは？

選手たち　相手が嫌がることをする、です。

中野　君はぜんぜん嫌がることをしてないじゃないか。君があの球を打ったことで、ピッチャーは助かったんと違うか？

打者　助けたかもしれないです。

中野　3ボール1ストライクで、相手のピッチャーは苦しんでるんや。1球待っていれば、嫌がっていたはず。それなのに、君たちは相手を助けてるんや。負けている原因は、そこにあるんじゃないか？

さっき、私はピッチャーに「相手は積極的に振ってくる。それを利用して打ち取れ」と言ったな？　君たちがそれをして、打ち取られたらアカンやないか。

自分のことじゃなくて、相手のことを考えて、粘っこい攻撃をしろ。どうやって塁に出るか。どうやって進塁するか。どうやって還すか。もっと真剣に考えたほうがいいんじゃないか？　本番の試合で今のような場面がきて、先頭バッターが3ボール1ストライクから打って出塁するのは、まぐれに近いぞ。「甘い球が来たら打つ」という以外にも、やりかたがあるんじゃないか？

一人ひとりがそこを考えれば、チームは変わるぞ。

バントするときの立ち位置は？

⚾ 8回表、一死一塁の場面。初球に一塁走者がスタートを切る。
打者は走者が走ってからバントの構えをしたが、
投球が外角に外れたため、バットを引いた。
捕手が二塁へ送球して、走者はタッチアウトとなった

中野　集合！　今、バッターが打席のどこに立っていたかを見ていた人？

——何人かが手を挙げる

中野　はい、君。

選手　バッターは、打席の後ろ、キャッチャー寄りに立っていました。

中野　はじめはそうだったな。そこからどうした？

選手　投球に合わせて、打席の前（ピッチャー寄り）へ動いて、バントの構えをしました。

中野　そう。そこからバットを引いたんや。バッター、君はなぜバントの構えをした？

打者　バントで転がして確実に送ろうと思ったのですが、ボールになったので引きました。

中野　じゃあ、やってみるぞ。君がキャッチャーや。構えてみろ。

――打者が捕手のポジションで座り、構える

中野　私がバッターをやるぞ。（打席の前へ動きながら、バントの構えをする）こうしたら、キャッチャーの君は、どうする？

捕手　前へ出ます。

中野　キャッチャー、代わりに答えてやれ。本職のキャッチャーなら、どうするんや？

捕手の位置で座った打者　……。

中野　そうや。キャッチャーはバッターの動きについていって、前に出てくるぞ。ホームベースに近づいていく。そこからランナーが走ったら、キャッチャーはどうするんや？

捕手　前に出ながら捕って、二塁へ投げます。

中野　バッターが打席の後ろに立っていたら？

捕手　前に出られません。

中野　次に、バントした場合を考えてみるぞ。キャッチャー、バッターが打席の前に出て、バントしたら？　ちょっとやってみせてくれ。

――捕手がバントの構えに合わせて前に出て、そこから飛び出して打球を処理する

中野　そう。前に出ている分だけ、早く打球を処理できる。その分、アウトになる確率が高くなる。ということは、誰が助かるんや？

打者　キャッチャーです。

中野　そう、盗塁にしてもバントにしても、打席の前に立ってバントの構えをするのは、相手のキャッチャーを助けることになるんや。もし、前に出ずに、打席の後ろ、最初に構えていたところからバントをしたら？　バッター、どうや？

打者　キャッチャーが前に出るのが遅れます。

中野　ということは？

打者　ランナーが助かります。

中野　そういうこと！　自分も一塁に生きる可能性も高くなるぞ。
　自分のことだけを考えたら、打席の前に出たほうがバントをフェアゾーンに転がしやすくなるかもしれん。でも、相手のキャッチャーのことも考えなアカン。**打席の後ろに立っていれば、キャッチャーは盗塁にもバント処理にも対応しにくくなる**んや。よく覚えとけよ。
　味方を手助けするのか、相手を手助けしてしまうのか。ちょっとしたことで大きな違いがある。
　バント一つでも、立つ位置やバットの構え方を工夫しろよ。
　一塁ランナーが盗塁するときは、バッターボックスの一番後ろに立って、キャッチャーを一歩でも後ろに下げる。一番後ろに立ったら、キャッチャーはどう思う？　バッター、考えてみろ。

打者　盗塁を警戒します。

中野　警戒して、どうするんや？

打者　……。

中野　外角のストレートがくる確率が高まるんと違うか？　キャッチャー、どうや？

捕手　外角のストレートを要求すると思います。

中野　さらに言うと、変化球だったら？　キャッチャーが後ろにいる分だけ、捕る前にワンバウンドする可能性も高くなる。そういう駆け引きのところまで考えるんや。初日のバントゲームでは、キャッチャーを戸惑わせる工夫をしろと言ったな？　覚えてるか？　バッター、やってみろ。

――**バントのように両手を離して握り、打つときと同じようにバットを立てて構える**

中野　そうや！　ほかには？

――**バントの構えからバットを引いて、打つフリをする**

中野　よっしゃ、そうやって工夫するんや。それだけで、キャッチャーは動けない。いいか？　こうやって相手のことを考えるだけで、小さなことがプラスになっていくでしょ？　**相手を助けるな。味方を助けるんや。**結果的にランナーがアウトになるかセーフになるかは別にして、少しでも味方を助ける方法を考えよう。

⚾ 9回裏、2年生チームの攻撃。一死一、二塁の場面。投手がモーションに入ると、二塁の走者がスタートを切った。打者は打席の後ろに立ったままセーフティーバントの構えをした。打者の動きに三塁手がつられて前へダッシュ。

捕手が三塁へ送球しようとしたが、ベースが空いていたため投げられず、ダブルスチールを決められた

中野　集合！　サード、なぜ前へ出た？

三塁手　バントに対応しようと思って、出てしまいました。

中野　対応したんじゃない。相手に惑わされたんや。そのせいで、守りがガタガタやないか。厳しいことを言うけど、君はそれくらいのことをしてしまったんや。二度とするなよ！　よく考えろ。なぜそういうことが起こるか？　プレーから目を離すからや！　ピッチャーが投げるボールを見て、次にランナーを見る。君はこの順番を間違ってるんや。ピッチャーがボールを投げたら、すぐにバッターを見るから、セーフティーバントの構えにつられるんや。わかった？

三塁手　はい。

中野　同じことをするなよ！

⑪紅白戦が終了する

全員でチームの勝利に向かっていけ

中野 集合！ さて、私は今から何を言うと思う？ はい、君。

選手 紅白戦の感想です。

中野 もっと具体的に。何について、言うと思う？

選手 わかりません。

中野 わかるようになれ。ピンとくるようになれよ。ペッパーを思い出してください。みんなバットを短く持って、いい感じで打っていた。何かをつかんだ人もいたと思う。じゃあ、今の紅白戦で、バットを短く持っていた人が何人いた？ 自分でわかるよな。練習でやったことを、実戦になったら忘れている。要するに、君たちは練習のための練習をやっているということや。技術の向上や試合で勝つことにつながっていない。だから、一生懸命練習しているのに、結果に結びつかないんじゃないかな？

君たちが「優勝しよう」「甲子園へ行こう」と本気で言うなら、考えかたを変えるしかないよ。ただし、私の考えをそのまま受け入れろという意味ではないぞ。

一人ひとりは、いいものを持っている。足が速い選手もいるし、いいボールを投げる選手もいる。それを試合での結果につなげるには、どうしたら勝つか、どうしたら負けないかを一途に考えないといけない。あるときは、自分が犠牲になって仲間を助けないといけない。打ちたいけど、我慢が必要なときもある。県で勝ち上がっていったら、そういう厳しい試合が続くぞ。
　野球選手として、一番大事なことは何か？　私がこの学校に来て、はじめに言ったことを覚えてる人？　はい、君。

選手1　どこに向かって、今日の練習をしているか。

中野　それも言いました。ほかにには？

選手2　夏の大会の開幕までの残りの日数を把握しているか。

中野　それも大事。ほかにには？

選手3　このチームがどうなったらいいかを考えて、練習する。

中野　そうやな。私は今までずっと、選手たちに**「チームの勝利に勝るものはない」**と教えてきました。誰がホームランを打とうが、誰が150キロのボールを投げようが、そんなことは関係ない。それで勝てればいいけど、勝てないなら、その力はチームに貢献していない。
　自分の結果がどうあれ、チームが勝てばそれが一番。たとえスタンドからの声援であっても、チームが勝てば、チームに貢献したことになる。全員でチームの勝利に向かっていくんや。君たちも、そこに考えが集結すれば、かなりやれるんじゃないかと思う。
　昨日と今日を比べただけでも、まったく違うチームになっている。今までにはなかった、何かをつかんだ選手もいると思う。私は君たちが勝つにはどうすればいいのかを考えます。君たちも「チームの勝利に勝るものはない」という言葉の意味をよく考えてみてください。

第3章

「授業」の紙上再現Ⅱ レベルアップ編

指導3日目

ペッパーは守備の基本練習でもある

放課後の全体練習が始まる。ウォーミングアップが終わった

中野　集合！　2人1組になって、ペッパーをやろう。昨日やったペッパーから、一段レベルを上げるぞ。90秒で何本打てるか、全員で競争しよう。

バッターは、体を開かないようにして、打つ。ピッチャーに正確に打ち返せよ。

ピッチャーは、捕ったらすぐにボールを握り替えて、すばやくステップをして、ストライクゾーンに正確に投げる。

打つほうも投げるほうも、ミスをしたらできる回数が減るぞ。やってみよう。

90秒×2人のペッパーが終わる

中野　集合！　緩い球を投げるのが苦手な人がいるな？　コントロールにつまずく人は、緊張したり、無意識になったりしたときに悪いクセが出る。

キャッチボールで言ったことを忘れるなよ。ペッパーでも同じだぞ。目標物を見て、投げろ。自分が投げたボールの軌道を見るな。自分のリリースを見るな。

90秒×2人のペッパーが終わる

中野 集合！ さらにスピードと正確さを求めていこう。ピッチャーは、投げたあと、インパクトの瞬間に合わせて軽くステップする。いわゆる「スプリットステップ」やな。できている人もいる。できていない人は、自分でわかるな？ ダッシュの第2リードでやったことを思い出せ。インパクトの瞬間は、どこにいるんやったかな？

選手 空中です。

中野 そう。両足が地面から少し浮いているようにする。最初は少し大げさにジャンプするくらいでいい。**インパクトを見極めて、着地した瞬間に動き出せるように**、意識してやりなさい。攻撃でも守備でも、一歩目の出足が大事。能力の高い人は打球に反応して瞬時に動けるけど、そうじゃない人はインパクトに合わせて、準備しておくことが大事。そうすれば能力の高い人に追いつける。いいな？

それと、まだ体を開いた構えで打っているバッターがいる。慣れるまでは、それでもいい。試合ではそんな構えで打たんやろ？ 打席と同じように構えて打てるようになれよ。特にインコースの球に対して、バットをどう出すか？　体を開いて打ったら簡単に打てるけど、その打ちかたでは試合では通用しないぞ。じゃあ、もう1セットやってみよう。

⚾90秒×2人のペッパーが終わる

ボール回しで瞬時の対応力を磨く

中野　集合！　これからチームを2つに分けて、ボール回しをしよう。時間は3分ずつ。ピッチャーも外野手も、内野のどこかのポジションにつく。

4通りのボール回しをまぜて、やります。よく聞いとけよ。

1つめは、キャッチャーからサード、ショート、セカンド、ファースト、キャッチャーの順に回す。

2つめは、キャッチャーからファースト、セカンド、ショート、サード、キャッチャーの順。

3つめは、キャッチャーからセカンド、セカンドからサード、サードからファースト、ファーストからショート、ショートからキャッチャーの順。

4つめは、キャッチャーからショート、ショートからファースト、ファーストからサード、サードからセカンド、セカンドからキャッチャーの順。

すべての起点が、キャッチャーです。キャッチャーは、捕ったあとにどこに投げてもいい。キャッチャーが最初に投げたポジションによって、回しかたが変わる。それに対応しろよ。
じゃあ、やってみよう。

両チームのボール回しが終わる

中野　集合！　次は、ちょっとだけ変えます。そんなに難しいことではありません。1回で理解してください。オッケー？

選手たち　はい！

中野　おお、いい反応や！　今度は、最後にキャッチャーに返す前に、ピッチャーを加えます。ピッチャーはマウンドについて。プレーする選手以外は、座って。座っていても、ボールから目を離すなよ。スタートはいっしょで、キャッチャーから。キャッチャーが投げたポジションによって、回しかたが変わる。たとえば、キャッチャーがセカンドに投げたら、セカンドは？

選手　サードへ投げます。

中野　サードからファースト、ファーストからショート。ショートまで来たら、今度はピッチャーに返す。ピッチャーから、最後はキャッチャー。理解できた？

選手たち　はい！

中野　時間は3分ずつ。よし、いこう！

⚾両チームのボール回しが終わる

あえてワンバウンドで投げる練習が役に立つ

中野　集合！　次は、あえてワンバウンドで投げるボール回しをします。ボールをしっかり握れなかったときや、人工芝のグラウンドで、雨が降っているときなんかに役に立つから。

全員が4つの塁のどこかに入って、キャッチャーからスタート。

「1」はホームから二塁。二塁から一塁。一塁から三塁。三塁からホームの順番で回す。

「2」はホームから二塁。二塁から三塁。三塁から一塁。一塁からホーム。

「3」はホームから一塁。一塁から三塁。三塁から二塁。二塁からホーム。

「4」はホームから三塁。三塁から一塁。一塁から二塁。二塁からホーム。

時間は5分間。私が途中で番号を変える指示をするから、「2」とか「4」とか言われたら、その番号の順番で投げる。頭がこんがらがるから、ボーっとせんと、集中してやらないとミスするぞ。はい、やってみよう。

⚾ワンバウンドでのボール回しをする

中野　集合！　ワンバウンドさせる地点を見て、投げてる人がいるぞ。自分でわかってるか？　あくまでも目線は、投げる目標を見る。いいか？　もう1回やってみよう。時間は3分。

⚾ワンバウンドでのボール回しが終わる

内野ノックでは足の速い走者を仮想する

中野　集合！　これからチームを2つに分けて、ランナーをつけて内野ノックをします。ピッチャーもマウンドで守備につく。外野手も内野のどこかに入って。守っていないチームはバッターランナー役を務める。

ノーアウト、ランナーなしの設定で、ノッカーはランダムに打つ。ピッチャーは投球動作をする。それに合わせて、ノッカーが打ちます。

アウトにしたら、ファーストから、ファーストのバックアップに走っているキャッチャーにボールを返す。そこからボール回しをします。

ボール回しは、3パターン。

一つは、キャッチャーがサードへ投げたら、5↓6↓4↓3↓1↓2。

もう一つは、キャッチャーがセカンドへ投げたら、4↓5↓3↓6↓1↓2。

もう一つは、キャッチャーがショートへ投げたら、6↓3↓5↓4↓1↓2。

どのパターンでも、最後はピッチャーを経由して、キャッチャーへ投げる。ピッチャーはマウンドからストライクを投げろよ。

ノックを開始する。遊撃手がファンブル。転がったボールを拾って、一塁へ投げた

中野　集合！　今、ショートがボールを落としたあとのプレーを見て、何か気がついた人？
選手1　もうちょっと早くできたと思います。
中野　ほかには？
選手2　ボールを拾ったあと、逆（左回り）に回って、投げる方向に背を向けて投げました。
中野　そうだった。あとは？
選手3　投げる手ではなく、グラブでボールを拾いました。
中野　そうや。あわてるから、そういうことをしてしまう。ミスしても、あわててプレーするな。練習であわててしまったら、試合ではもっとあわててしまうぞ。落ち着いてやれ。ゆっくりやれという意味ではないぞ。ミスしたあとこそ、冷静にやれ。

もう一つ。ボールを投げる手で拾うとき、思わず投げる指だけでボールをつかむことはないか？

――私が人さし指、中指、親指の3本だけでボールをつかんで見せる

中野　ショート、君はどうや？　こうやってつかむんじゃないか？

遊撃手　そうやってつかんでいます。

中野　つかみ損ねたことはないか？

遊撃手　何度かあります。

中野　じゃあ、どうすればつかみ損ねないか？　ボールをわしづかみにするんや。そこから投げるまでの間にパッと握り替える。これを習慣にしておかないと、いざというときに悪いクセが出る。投げる指だけでつかみにいったら、つかみ損ねるぞ。

今はショートに言っているけど、君だけじゃない。申し訳ないけど、君を例に挙げて、みんなに言っている。みんなに徹底してもらおうと思って、やってるんや。いいか？

⚾ノック再開。三塁手が一塁に悪送球した

中野　集合！　ボール回しでは少なかった悪送球が、ランナーがついたとたんに多くなっている。その現実に気づけよ！　相手がいなかったらキッチリできても、試合になったら相手がいる。しかも、その相手は君たちよりも走力があるんや。その意識でやらないとアカン。自分たちの感覚

でアウトになると思ってたら、試合ではセーフになるぞ。日ごろの感覚を変えろよ。

誰に任せればアウトにできるか？

一、二塁間の弱いゴロ。一塁手がなんとか捕ったが、投手のベースカバーが間に合わず、セーフになった

中野　集合！　セカンド。今の打球は、セカンドゴロと違うか？
二塁手　はい、そうです。
中野　ファーストが捕りたくなるけど、セカンドが前に出て捕らないと、今みたいなプレーになるぞ。じゃあ、どうすればよかったんや？
二塁手　声を出せばよかったです。
中野　そうや。じゃあ、もういっぺんやってみよう。
――ノッカーが同じような打球を打つ
――二塁手が「オッケー！」と声をかけ、一塁手がベースに戻る
中野　よし！　これがチームプレーや。

⚾投手へのゴロ。投手が捕りそこねて、三塁方向にはじいた。
フォローしようとした三塁手を制して、投手が処理。
一塁へ投げたが、セーフになった

中野　集合！　ピッチャー。今のプレー、記録は何だと思う？
投手　僕のエラーです。
中野　サード。今のプレーをどう思う？
三塁手　自分が投げたほうがアウトになった可能性が高いと思います。
中野　ピッチャー、サードはそう言ってるぞ。どうや？
投手　焦って、自分で捕りに行ってしまいました。
中野　自分がすべてやらないとダメだと思い込んでないか？　味方の存在を忘れてないか？　自分がやろうとするのも大事だけど、一番大事なことを忘れている。一番大事なことは何や？
投手　人に任せることです。
中野　違う！
投手　アウトにすることです。
中野　そう！　アウトにすること。そこを考えろ。それがわかっていないと、いつまでたっても同じことを繰り返すぞ。

今のはピッチャーが自分でやろうとして、エラーになった。でも、サードが捕ったらアウト。こういうところから守りが崩れていくんと違うか？

さっきのセカンドゴロと同じ。誰に任せたら、アウトにできるか。サードも「オッケー！」とか「どけ！」とか言って、自分が捕ってたらアウトにできたぞ。

そのときの状況によって、判断して動けよ。

ベースカバーでのケガを回避する

⚾ 一塁ゴロ。一塁手が右（一、二塁間）へ動いて捕球。ベースカバーに入った投手にトスしたが、投手が打者走者と交錯するのを避けようとして、落球。セーフになった

中野　集合！　今、ピッチャーはどちらの足でベースを踏んだ？
選手　左です。
中野　ピッチャーは思わず左足で踏んだ。これを無意識にやると、危険がともなう。ピッチャー、

ファーストベースまで、ゆっくり歩いて来い。

――ピッチャーが歩いていく

中野　左足でベースを踏んだら、どうなる？

投手　走ってきたランナーとぶつかります。

中野　ぶつからないようにするには？

投手　右足で踏んだほうがいいです。

中野　右足でベースの手前の角を踏んで、そのままフェアゾーンのほうへふくらんで走り抜ける。そうすれば危険は回避できる。ただ、アウトにするために、しかたなく左足で踏まないといけないときもある。そのときは十分に気をつけろよ。

盗塁を阻止するには？

中野　集合！　次は、ノーアウトランナー一塁から、ランナーが盗塁をします。ピッチャーは、けん制あり。クイックで、実際にキャッチャーに投げる。キャッチャーは捕ったら、二塁へ送球する。盗塁されるなよ。よし、やってみよう。

1人目が盗塁する

中野　そのまま聞いてくれ。今、キャッチャーが捕ってから、二塁のベースまで2・21秒でした。もっとタイムを縮めるように考えて練習しないと。このままでは通用しない。私立の強豪校の足が速いランナーは、ドンドン仕掛けてくるぞ。
　盗塁阻止は0・1秒を争う。いかにタイムを縮めるか？　バッターが振らないと思ったら、前に出ながら捕るとか、いろいろ研究しろよ。キャッチボールから「捕ってから早く投げる」「正確に投げる」の基本を繰り返すこと。いいか？　じゃあ、続けてやってみよう。

⑪何人かが盗塁する

中野　集合！　ピッチャー、もっとけん制を研究しなさい。少なくとも3つのバリエーションをつくれ。

　一つは、まったくアウトにはしない、ただのけん制。もう一つは、ランナーを脅かすけん制。そして、アウトにするけん制。この3つのバリエーションがあれば、ランナーが走りづらくなる。身につければ、ピンチのときに自分を助けるぞ。

　一つのヒントとして、まずはボークのけん制をしてみる。そこからボークにならないように修正していくといい。

　それとクイック。クイックはストライクが入ることが大前提。バッターを追い込んで、ダブルプレーを取る。

相手のランナーは、「ピッチャーがどこから動き始めるか？」を観察して、研究している。そこだけを見て、走ってくる。だから、自分のクセを把握して、修正すること。ただ、修正するとピッチングフォームが崩れる可能性がある。そこは自分でバランスを考えてやってほしい。

右ピッチャーの場合は後ろ姿でランナーをだます。首の使いかた、背中で嘘をつけ。ランナーの立場になって考えてみろ。たとえば、ランナーからすると、ピッチャーが首を傾けずに三塁方向を向いているとしたら、どう思う？　他にも、首の振りかた、グラブの位置、いろいろある。けん制と思わせて、バッターに投げる。バッターに投げると見せかけて、けん制する。セットポジションへの入りかたを変えるだけでも、ランナーは戸惑う。絞れない。スタートが切れない。スタートを切っても遅れるぞ。

キャッチャーも、それをわかっておくこと。盗塁阻止はバッテリーの共同作業だから。キャッチャーは二塁送球が2秒を切らないと、全国のレベルでは通用しないぞ。ただし、早く投げればいいというものではない。正確さが重要。ベースカバーに入った野手が、ランナーにすぐにタッチできるコースと高さへ正確に投げる。そのうえで秒数を縮めることを考えろよ。いいな？

⚾右投手が一塁へけん制。走者が戻れず、一、二塁間で挟殺プレーが起きた。一塁手が走者を二塁へ追っていきながら、遊撃手へ送球。

遊撃手が一塁へ戻る走者を追いながら、一塁ベース手前に入った二塁手に送球。二塁手が二塁へ向かう走者を追って走り、二塁ベース手前にいる一塁手へ。一塁手がタッチして、アウトにした

中野　集合！　今みたいに、けん制で一塁ランナーを挟んだら、セカンドは一塁のバックアップ、ベースカバーではなく、ランナーの走路に入れ。そうしたら、セカンドがファーストからボールをもらって、すぐにランナーにタッチしてアウトにできる。

ランダウンプレーは、できるだけ少ない回数でアウトにするんや。今みたいに回数を重ねれば、それだけミスが起きる可能性があるから。

セカンド、ちょっとやってみよう。

――何人かの二塁手が走路に入るプレーをやってみる

中野　よし、そんな感じや。その場で聞いてくれ。

たとえば、ピッチャーがセットポジションで構えている間に、ランナーがフライングで飛び出したとする。ピッチャーはプレートを外したら、ランナーを見て、ショートへ偽投する。ランナーは「二塁へ投げる」と思って一塁へ戻るから、ピッチャーは一塁へ投げて、アウトにする。そういうプレーもやってみよう。

――何人かの投手がこのプレーをやってみる

中野 そんな感じや。盗塁の練習に戻ろう。

⚾盗塁の練習を再開。ピッチャーが投球したあと、一塁走者がスタートを切り、転ぶフリをする。捕手が一塁へ投げた瞬間、走者が二塁へ走った。一塁手が遊撃手に送球したが、セーフになった

中野 集合！ 一塁ランナー、わざと転んだのか？

走者 はい、わざとです。

中野 いい発想、いい狙いや。演技もうまかった。君にアカデミー主演男優賞をあげよう。

走者 ありがとうございます！

――笑いが起きる

中野 キャッチャー、今みたいなプレーを防ぐには？

捕手 投げなければよかったです。投げた瞬間に、ヤバイと思いました。

中野 キャッチャーが一塁へ投げたら、ランナーはその瞬間に二塁へスタートする。だから、キャ

ッチャーはピッチャーへ返す。もしくは、定位置にいるセカンドへ投げる。キャッチャー、ベース以外のところへ投げたことはあるか？

捕手　記憶にないです。

中野　でも、今みたいに考えると、そういうプレーがありえるだろ？　ありえるプレーなら、練習しておく必要がある。そういうことも想定して、定位置でのボール回しをやってるんや。練習しておけば、試合でとっさに対応できるから。

キャッチャーが定位置にいるセカンドへ投げるかもしれないとわかっていたら、試合で外野手も準備できる。試合でこういうプレーが起きたら、外野手はどう動いたらいいんや？

選手　……。

中野　セカンドのバックアップに備えるんや。そうしないと、キャッチャーが投げたボールが高く逸れたら、右中間を抜けていくことがあるぞ。そういうプレーの先を想像しろよ。

ケースバッティングでは状況を細かく設定する

中野　集合！　野球は、相手よりも1点でも多く取っていれば勝ち。極端なことを言えば、10点取られても11点取ったら勝つゲームや。「ここで点を取られても、打って返したらいい」と思うかもしれん。でも、相手が強豪校の好投手だったら、打てないぞ。その前に点をやらないようにしないと、勝てない。そもそも1試合に10点も取られるチームは、県で上まで勝ち上がれるわけないぞ。
　相手よりも失点を少なくして、守り勝つ。無駄なフォアボールを無くす。エラーをしない。長打を打たれない。盗塁をされない。そのために練習するんや。試合終盤まで僅差でいって、1点差で勝つ。接戦に強くならないと、勝てるチームにはならないぞ。いいか？

選手たち　はい！

中野　これからケースバッティングをします。状況は自分たちで設定して、やってください。攻撃はノーサインでいこう。

⑪ケースバッティングを始める。キャッチャーが「初回、ノーアウト一塁」と言った

中野　集合！　今の「初回、ノーアウト一塁」は、どのノーアウト一塁？

捕手　先頭バッターが出て、二番バッターの打席です。

中野　1回表か？　裏か？　そこまで細かく設定してはじめて、状況がわかるんと違うか？
　たとえば1回表は1回表でも、一番バッターが出て、二番バッターの打席でもノーアウト一塁。三番バッターがスリーランを打って、四番バッターがフォアボール。五番バッターの打席でもノ

ーアウト一塁や。

1回裏なら、表に何点か先制されたのか？　0点に抑えたのか？

今、何回で、何点差なのか？　ランナーはどこにいて、何番バッターなのか？　それによって、守りも攻めも変わるぞ。

じゃあ、1回表のノーアウト一塁、バッターは二番。これでやってみよう。

走者を進めるためには？

「1回表。無死一塁で、二番打者（左打ち）」の設定。投手は左投げ。初球を投げた。一塁走者が第2リードを取ったあと、帰塁した

中野　集合！　この紅白戦はサインなしでやっている。ランナー、なぜベースに戻ったんや？

走者　……習慣です。

中野　もういっぺん、第2リードを取ってみろ。

――**一塁走者が投球に合わせて第2リードを取る**

中野　そこからどうするんや？　考えろよ。ベンチからサインは出ないんだぞ。

——一塁走者は捕手の動きを見ながら、第1リードの位置まで戻る

中野　そう！　わかったか？　戻る幅がかなり違うだろ？　相手はサインで動く野球をやっているから、いちいちベースまで帰る。それが当たり前と考えているからや。君たちはサインを見ないから、ベースまで戻る必要がない。相手は、そういう君たちの間合いが気になるんや。これが自分たちで考えてやる野球の利点の一つ。相手からどう見えるか、よく覚えておけよ。

プレー再開。1ボールからの2球目。一塁走者がスタートを切る。左打ちの二番打者がセーフティーバントの構えをして、引いた。投球が外角に外れて、ボール。捕手が二塁へ送球して、走者はアウトになった

中野　集合！　バッター、なんでバントの構えをした？

打者　自分はセーフティーバントをしようと思っていました。

中野　ランナーが走ったのに、なぜバントの構えをするんや？　昨日の紅白戦で言ったことを忘れたんか？

打者　いえ、覚えています。ランナーが走ったのがわかりませんでした。

中野　なぜわからなかった？

打者　セーフティーをしようと思っていたので、ランナーに意識が向いていませんでした。

中野　そこを言ってるんや。いいか、それを「わがまま」と言うんや。自分の都合で野球をしたらアカン！　**この野球は、噛み合えばいろんなことがうまくいく。でも、たった一人のわがままで噛み合わなければ、チャンスをつぶしてしまうぞ。**

バッターは、ランナーが走ることを頭に入れながら、走ったのが見えるように成長していけよ。左打ちでも、意識したら一塁ランナーの動きが見えるようになるから。

⚾「同点で迎えた2回表。一死一塁（一塁走者は六番打者）で、七番打者（右打ち）」の設定。左投手が右足を上げた瞬間に一塁走者がスタート。投手は一塁へけん制球を投げたが、走者はそのまま二塁へ向かう。一塁手は二塁ベースに入った遊撃手に投げた。走者は滑り込んだが、アウトになった

中野　集合！　今のランナーの狙いは、よかったと思う。一塁ランナーは、ピッチャーが一塁へ投げたのが見えていたか？

走者　見えていました。

中野　問題は、そこから先や。二塁ベースにスライディングしたとき、どこを狙って滑り込んだ？

走者　ベースの真ん中です。

中野　真ん中だったな。今のプレーでセーフになろうと思ったら、どうしたらいい？　ボールは自分の背中から来るんや。

走者　ショートの動きを見て、回り込みます。

中野　回り込んだらベースに届くのが遅くなるぞ。

走者　……ショートのグラブ側に滑り込みます。

中野　そうや！　相手は送球が見にくくなるから、簡単にアウトにできなくなる。わざわざアウトになりにいくスライディングをしたら、セーフになるものもアウトになる。相手を見て、スライディングするのが大事ということや。

⚾「1点リードの3回表。一死一塁（走者は一番打者）で、三番打者（右打ち）」の設定。
投手は右投げ。1ボールからの2球目。
一塁走者が好スタートを切ったが、打者がファウルを打った

中野　集合！　ランナー、スタートはどうだった？

走者　いいスタートが切れました。

中野　いいスタートやったな。バッターは、ランナーの足の速さは頭に入ってたか？

打者　はい。速いです。

中野　スタートしたのは見えたか？

打者　スタートは、よかったです。

中野　じゃあ、なぜ打ったんや？　打たなかったら、セーフになったんと違うか？

打者　空振りしようとしたんですけど、バットに当たってしまいました。

中野　よし、よく考えた。また一歩前進したな。ただ、結果的にはファウルになった。ランナーは一塁に戻って、カウントが1つ悪くなっただけや。今のケースで空振りしていたら、一死二塁でカウント1ボール1ストライクというチャンスになってたんじゃないか？　この1球の差を考えなアカン。「惜しかった」で済ますなよ。そうやって成長していったらええんや。

みんな、いいか。バッターはピッチャーの左足が上がったとき、**周辺視野でランナーの動きも見ろよ。**

スタートが悪ければ、右方向へ転がせばいい。けん制のうまいピッチャーなら、スタートを遅らせて、結果的にエンドランの形になることもある。どうしてもアウトをやらずに盗塁で進めたい場合は、わざとファウルを打つ。次の1球を生んで、仕切り直すんや。

今みたいにスタートがよかったら、空振りする。私だったら、わざと振り遅れ気味に空振りする。なぜか、わかるか？

打者　キャッチャーに投げにくくさせて、ランナーを助けるためです。

中野 そうや！ 一塁ランナーにセーフになってほしいから、手助けをするんや。

私が考える野球の大原則は、**「盗塁はセーフ」**。ランナーは緩い変化球がくるタイミングでスタートを切る。ランナーのスタートがよければ、バッターは打たない。スタートが悪ければ、ファウルにする。そうやって、盗塁の成功率を高めて、ランナーを一塁から二塁へ進めて、相手を崩していく。

ということは、バッターは空振りしたり、右方向に転がしたり、あるいはファウルを打つ練習もしておく必要があるということや。

どうやったら、ランナーの動きが見えるようになるか。どうやったら臨機応変に打てるようになるか。自分で研究して、練習するんや。いいな？ 探究心を持ってやれば、ドンドン上達するから。

このチームには、足が速い選手が多い。それを生かさない手はないぞ。

> 同じ打席の続き。2ボール1ストライクからの4球目。走者がスタートを切るフリ（偽装スタート）をする。打者は外角のボール気味の球を空振りした

中野 集合！ バッター、ランナーはスタートを切ったけど、走らなかったぞ。それはわかってた

か？

打者　いえ。スタートを切ったのはわかったんですけど、止まったところは見えませんでした。

中野　ランナーが走ってなかったら、今の球をどうしていた？

打者　見逃せたと思います。

中野　見逃して、ボールだったら、3ボール1ストライクだったぞ。

みんな、よく考えろよ。一塁ランナーは、相手のバッテリーや野手に「走った」と思わせるようにスタートを切った。でも、実際は走っていない。こういう偽装スタートをすると、味方のバッターも騙されるぞ。今みたいに「走った」と思って、振ってしまう。

一塁ランナーの第2リードとして、偽装スタートもありにするのか、やらないでサイドステップ（シャッフル）にするのか。みんなでよく考えたほうがいい。A先生とも相談して、チームの共通認識にしておかないと、間違いが起こる。

もっとレベルが進んでいけば偽装スタートを入れてもいいけど、今の段階では「やらない」とハッキリ決めておいたほうがいいと私は思う。バッターもランナーもやることが明確になるし、ミスが少ないから。ただ、これはみんなが決めること。よく話し合いなさい。

いい投手の条件とは？

■練習終了後のミーティング

中野 野球というゲームでは、ピッチャーの占める割合が非常に高い。ピッチャーにとって大事なのは何か？ いいピッチャーとは、どんなピッチャーか？ ピッチャー陣、答えてくれ。

投手1 ピンチで三振が取れるピッチャーです。

投手2 走者を出しても、打たれないピッチャーです。

中野 はい。私が考える**いいピッチャーは、勝てるピッチャー、アウトが取れるピッチャー**です。ピッチングは、スピードガンコンテストじゃない。速い球を投げるのではなく、バッターをアウトにすることが大事。ピッチングだけじゃなくて、フィールディング、けん制もそのための手段や。どんなに150キロの球を投げても、ボール球が続くピッチャーは試合をつくれない。

昨日、「1試合を90球以内で」という話をしました。今の野球では、バッターはファーストストライクから振ってくる。ならば、それを利用して、どういう球を投げたら打ち取れるのか？ 球種や組み立てを考えるんや。思い切り振ることしか考えていないバッターは、簡単に仕留められるぞ。

ランナーがいないときは、長打を打たれないように気をつければいい。簡単に打たせてとって、守りから攻撃へのリズムをつくる。三振を取れば、3球かかる。打たせてアウトにすれば、1球で済む。9回を90球以内で投げ切ることを考えろ。

ただし、「ここは三振がほしい」という場面では、三振が取れることも大事。その投球術を持っておく必要もある。

ピンチの場面では、内野手はどう思うんや？　はい、サード。

三塁手　緊張します。

中野　緊張するだけか？　「オレのところへ飛んできたら、どうしよう」とか「こっちへ打つな！」と思うんと違うか？

三塁手　そういうこともあります。

――笑いが起きる

中野　人間って、そういうもんや。内野ノックでは「よし、来い！」と威勢よく言うけど、試合になったら「頼む！　三振取ってくれ！」と思ってるんや。

そういう場面では、ピッチャーはファウルで追い込め。それには、練習でバッティングピッチャーをやりながら、どの辺にどんなボールを投げればファウルになるかを観察して、考えながら投げておく。バッターを打ち取るコツを身につけるんや。

ブルペンでいくら投げても、バッターがいないから、打ち取る感覚は身につかないぞ。

三振が取れる球は、ストライクからボールになる球。ツーストライクに追い込まれたバッターの心理としては、少々のボール球でも振ってくるから。

ツーアウト満塁、フルカウントから何を投げられるか？　押し出しのフォアボールを怖がって、ストレートしか投げられないようではダメやぞ。

もう一つ。ピンチの場面では誰のところに打たせるか？　これは自分の中で持っておかないといけない。

マウンドから後ろを向いて「打たせて取るぞ！」と言う。だけど、どこへ打たせるのか？　バッティングの基本は「センター返し」と言ったな？　ピッチャーのまわりに打球が集まるということや。**肝心なのはピッチャーの守備。自分のところへ打たせて、アウトにすればいい。**これを考えると、投球術が変わるぞ。苦しいときは、今日やったペッパーを思い出せ。

ピッチャーのまわりに飛んでくるボールをぜんぶ野手にまかせていると、一試合に1つか2つくらいはエラーになる。土のグラウンドなら、試合が進めば荒れてくるから。

ピッチャーが捕れないところは、セカンド、ショートが捕る。ということは、エラーが多い二遊間では勝てないということ。

明日からは、そういうことまで考えて練習しよう。

指導4日目

ファウル打ちと練習方法

⚾朝練の時間。選手たちの練習を見守っていると、K選手が私のところへやってきた。私が足が速いと感心して、プレーを見ながら走るように伝えた選手だ。Kは緊張した面持ちで「中野先生、質問していいですか」と言った

中野　遠慮せんと、なんでも訊いてくれ。

K　僕は足には自信があるんですけど、A先生から「バッティングが淡白だ」と言われていて、あまり試合で使ってもらえないんです。使ってもらうには、どうしたらいいですか？

中野　Kは、右打ちだったな。バッティングには自信がないのか？

K　あまりありません。

中野　試合で足を生かすには、代走という手もあるぞ。

K　それも大事な役割だとは思うんですけど……、やっぱりやるからにはレギュラーで出たいです。

中野　じゃあ、Kはどんな役割をすれば、試合で使ってもらえると思う？

K　ヒットで出て、盗塁を決めるとか……。

中野　塁に出るのは、ヒットだけか？

K　フォアボールやエラーもあります。

中野　そうやな。**ヒットを打つことじゃなくて、塁に出ることを考えろ。**君みたいな足の速い選手が打席にいたら、相手のバッテリーはどう思うんや？

K　「コイツを塁に出したくない」と思うと思います。

中野　相手のバッテリーは、君がどんなことをしたら嫌がる？　初球からドンドン振ってきたら？

K　……怖くないです。

中野　ということは、どうしたらいい？

K　ボールを見極めたり、追い込まれてから粘ったり……。

中野　そうやな。ピッチャーに「1試合90球以内」と言ったのは覚えてるか？

K　はい、覚えています。

中野　その裏返しや。君たちは、じっくり攻める。球数を投げさせるんや。そのためには、ファウルを打って、粘るんや。インコースの球を一塁側へファウルを打つように、バットを振ってみろ。

——Kがバットを2、3回振る

中野　スイングのどこで、バットとボールが当たったら、一塁側のファウルになる？　そこでバットを止めてみろ。

——グリップが先行して、ヘッドが遅れて出始めたあたりでバットを止める

中野　そのイメージを持って、振ってみろ。

――バットを2、3回振る

K　ファウル打ちは、三塁側へのファウルでもいいんですか？

中野　じゃあ、三塁へファウルを打つように、振ってみろ。

――引っ張る形でバットを振る。左肩が早く開いたスイングになる

中野　その形でバットを振ろうとして、アウトコースに変化球がきたら、どうするんや？

K　……空振りします。

中野　ということは、ファウルはどうやって打ったらいいんや？

――グリップが先行して、ヘッドが遅れて出始めたあたりでバットを止める

中野　そうや。右バッターは一塁側へファウルを打つ。それしかないな。よっしゃ、この打ちかたの練習方法を教えたる。君だけの特別レッスンや（笑）。

――まわりで練習していた数名の選手が近づいてくる

選手たち　中野先生、見ていてもいいですか？

中野　どうぞどうぞ。見るのはタダや（笑）。

K、ネットと平行に立ってみろ。網がホームベースの内角ギリギリのラインにくるように、近づいて立つんや。そこでバットを構えて。よし、そこからバットがネットに当たらないように、振ってみろ（**図1**）。

――Kが防球ネットの前に立って、スイングをする。何度か振ってみるが、バットの先がネットに当たる。しばらく振っていると、ネットには当たらなくなったが、バットを立てて、高めのボールゾーンを振っている

中野　君はそこを打つんか？　そこはボールや。ボールをファウルにする練習をして、どうするんや？

――その後も何度かバットを振るが、スイングが変わらない。何度やっても、ボールゾーンを振っている。まわりで見ていた選手が「変わってないぞ」と声をかける

中野　何回やっても、変わらんな。君はスピードがある。チームで一番足を生かせる選手やから、君をモデルにして教えてるんや。君が変わらないなら、誰かほかの人に教えるぞ。それでもいいか？

図1　ファウル打ちの練習

ネットを図のようにホームベースの内角ギリギリになるイメージで立て、バットが網に当たらないようにスイングする

K　それはダメです！

中野　それなら、変われよ。ラスト1回や。

――まわりで見ていた選手が「変われ！」「頑張れ！」と声をかける

――しかし、変わらなかった

中野　今までしみついたスイングは、すぐには変わらない。どうやったらバットがネットに当たらずにストライクゾーンを振れるのか、自分で工夫して、やってみろ。まわりで見てた人、答えを教えたらアカンぞ。それは彼のためにならないから。

K　あ、わかりました！

中野　じゃあ、やってみろ。もう1回だけやぞ。

――軸足を引きながら、バットを振る

中野　違う。

――踏み出す足を開いて、バットを振る

中野　その打ちかただと、外角の球が来たら三振しないか？

K　……します。

中野　それじゃあ意味がないやないか。でも、工夫したのはオッケー！　よく考えました！　それが成長の第一歩や。そうやって、自分で研究しろよ。

⑪放課後の練習が始まる

選手にノックを打たせれば一石二鳥

中野 集合! これからノックで体を動かしながら、肩をつくるぞ。時間は15分間。グラウンド内の6ヵ所に分かれて、ノックをする。

グループのうち、一人がノッカー役、一人がキャッチャー役。残りがノックを受ける。全員で順番に役割を交代しながら、やってくれ。あわてて たくさん打とうとしなくていい。ノックを打つ。野手が捕って、捕手へ返す。キャッチボールをしていないから、はじめから全力で投げなくていいぞ。捕手が捕ったら、ノッカーにボールを渡して、またノッカーが打つ。

一つ、気をつけてほしいことがあります。何かと言うと、ノッカーがトスを上げる手です。ノッカーは、捕手寄りの手(トップハンド)。右打ちの場合は右手)でボールを上げて、打つ。投手寄りの手(ボトムハンド。右打ちの場合は左手)で上げるな。これは絶対に守ること。

さあ、いこう!

【メモ】この練習は、ノックを受ける数をこなせるメリットもありますが、一番の狙いは打撃の技術です。捕手寄りの手でボールを上げることで、トップの形を決めて打つことができます。「投手寄りの手でボールを上げるな」と指示するのは、投手寄りの肩が早く開いてしまうからです。

ゴロを打つには、ボールの上を叩かなければなりません。しかし、打撃が上達するには、ボールの下を打って、ボールに逆回転のスピンをかけなければなりません。

その意味で、ノックにおける理想的な打球は、ボールに逆回転がかかったゴロです。

しかし、このことはあえて選手たちには言いません。それを言うと、ボールを切るようなスイングでフライを打ち上げてしまうからです。

技術的な指導においては、このへんのさじ加減が難しいのです。「ああしろ。こうしろ」と言うと、それだけを考えてしまいます。それよりも、ノックを受ける選手に対して、どんな打球を打つか。そのためにはどんな打ちかたをすればいいか。選手自身が考えながらノックをしたほうがいいと私は考えています。やっているうちに少しずつ感覚がわかってくるので、自然に打撃が向上します。

15分間のノックが終わる

ドリルで守備の基本と応用を身につける

中野　集合！　これから、守備のドリルをやります。バリエーションはたくさんあるんやけど、何種類かだけを君たちに伝えます。あとは自分たちで考えて、やりなさい。野球の動きがわかったら、「次はこんなことをやってみよう」という楽しみが増えてくるから。

守備のドリル①ゴロ捕り

中野　最初は、ゴロを捕る練習です。

4人1組。一人がゴロを転がす。3人が順番にゴロを捕る。捕ったら、転がす人に返す。距離は約10メートル。時間は5分間で。ゴロを転がす役割は4人でローテーションしろよ。

ゴロを捕る選手も、後ろで待っている残りの2人も、ボールを転がす人の指先からボールが離れる瞬間をバッターのインパクトに見立てて、その瞬間に軽くジャンプして、両足が地面から浮いているようにする（スプリットステップをする）。

いいか、ボールが指から離れてからジャンプするのでは遅いぞ。離れる直前に軽くジャンプして、離れたときには空中にいるようにする。空中にいる間にボールの方向やバウンドを判断して、着地したらボールに向かってスタートを切る。

右投げの場合は、ボールの右側からふくらみながら、ボールに近づいていく。左投げの場合は、ボールの左側から。

ゴロを捕る動きには、アクセルとブレーキが必要。スタートではスピードを出す。ゴロを捕るときにはスピードを緩めないと、勢いよくボールとグラブが衝突するから、捕れないぞ。

ブレーキの掛けかたは2種類ある。

一つは、小刻みにステップする。もう一つは軸足（右投げの場合は右足）のつま先で地面を擦る。

グラブで捕ったあとは、グラブを丹田（おへその下あたり）へ向かって引き寄せ、両足をすばやくステップしながらボールを握り替えて、投げる。やってみよう。

①ゴロ捕りが終わる

守備のドリル②キャッチ&スロー

中野　集合！　次は、捕ってからすばやく投げる練習です**（図2）**。

5人で1組になってください。一人がボールをトスする人（A）になる。一人がボールを受ける人（B）。C、D、Eの3人が順番にやる。AとBの

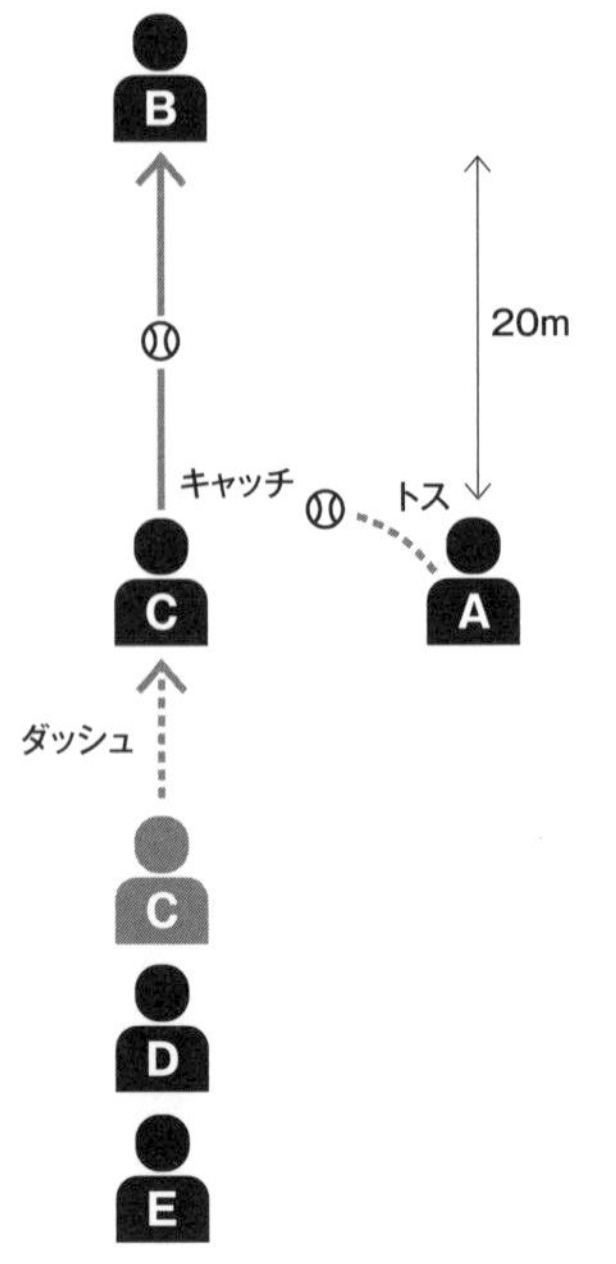

図2 キャッチ&スロー

ダッシュした選手がトスされたボールをキャッチして、20メートル先の選手にすばやく投げる

距離は、20メートル。時間は10分間。
一人ずつ、Bに向かって4、5メートルの距離をダッシュする。Aはダッシュする人の右側からボールをトスする。ダッシュする人が左投げの場合は、左側に移って、トスしてやってくれ。ダッシュしながら、トスされたボールを捕って、Bに投げる。BはAにボールを投げ返す。これを繰り返す。投げる役、受ける役は順番に交代して。やってみよう！

10分間の練習が終わる

中野　集合！　今やったのが、基本中の基本です。次が応用。この応用が大事や。ダッシュして、トスされたボールを空中で捕る。捕ったら、軸足で着地する。同時にすばやく握り替えて、投げる。これができると、プレーのスピードがアップする。
試しに、この3人でやってみて。

――3人がプレーする

中野　今の3人の違いがわかった人？
選手　Fは捕るときに、投げる手がグラブの近くにあったので、握り替えが早かった。GとHは投げる手がグラブから離れていたので、握り替えに時間がかかりました。
中野　そうや！　よく見てたな。Gは、なぜ今のようにしたんや？

G　意識していませんでした。

中野　意識して、やれよ。

G　はい。

中野　返事だけでは信じないぞ。ちゃんと見ておくから。無意識にできるようになるまでは、しっかり意識してやれ。

それから、SとM。君たちはレギュラーで出ている選手だけど、今の練習を見ていると、グラブで捕ったあと、ボールを握り替えるときに、落球が多い。

グラブの代わりにスリッパを使って、やってみろ。スリッパを手にはめて、底の部分でボールを捕る。こうすると、しっかりグラブの芯で捕って、握り替える練習になるから。

じゃあ、スピードを意識して、あと5分間、やってみよう。

⚾5分間の練習が終わる

中野　集合！　みんな、だいぶできるようになった。何かきっかけをつかむと、一日でグッと成長する。でも、一日経つと忘れる。元に戻ってしまう。

成長のグラフは、上がったあと、いったん下がってもいい。ただし、前の日の自分の位置よりも、次の日は1ミリでも上にいるように。グッと上がって、そこから下がるとしても、元の位置より下がらないこと。**たった1ミリでも上にいることを積み重ねていけば、右肩上がりで成長する。**

少しずつでいい。その少しの上積みを、日々積み重ねていく。「継続は力なり」とは、そういう意味だぞ。それができない人は「今日は調子がいい」「今日は調子が悪い」で済ませてしまう人や。わかった？

選手たち　はい！

「キャッチャースローノック」で捕手を鍛える

中野　次は、内野ノックをしよう。内野ノックといっても、ノッカーが打つんじゃなくて、キャッチャーがゴロ、フライ、ライナーを投げます。

チームを半分に分ける。ピッチャーはマウンドにつく。外野手も内野のどこかを守る。ランナーをつけます。守っていないチームがランナー役を務めてくれ。

まず、ピッチャーがキャッチャーへ投げる。バッターと対戦する感じで投げろよ。球種は真っすぐだけじゃなくて、変化球でもいい。これが投球練習にもなるから。

キャッチャーは中腰になって構える。

ノックでは、ノッカーが打つタイミングを投球に合わせたな？　それと同じように、キャッチャーは前に出てきていいから、ホームベースの上くらいで捕って、すばやく投げる。どこに、どんなボールを投げてもいい。野手は、キャッチャーのリリースをインパクトに見立てる。アウトにしたら、ファーストからキャッチャーへ送球する。そこからボール回し。
ボール回しは、3パターン。キャッチャーがどこに投げるかで、回しかたを変えます。キャッチャーがサードへ投げたら、5→6→4→3→1→2。セカンドへ投げたら、4→5→3→6→1→2。ショートへ投げたら、6→3→5→4→1→2。
まずはランナー無しの設定で、やってみよう。

【メモ】この練習の狙いは、捕手が内野を動かすことにあります。どんな状況で、どこに、どういうボールを投げれば仲間の練習になるのか。刻々と変わっていく状況のなかで瞬時に考えながらやることで、判断力、仲間への指示のしかた、リーダーシップなどが自然に養われていきます。

⚾しばらくノーエラーが続いたが、遊撃手がゴロをファンブル。あわてて一塁へ投げたが、悪送球になった。その直後、三塁手も捕球ミスをした

中野　集合！　バタバタとミスが続いたぞ。こういう状況を一番わからないといけないのが、キャッチャーなんや。ベンチにいる監督ではなくて、キャッチャーが指示するようにならないとダメ。

「おい、落ち着いて、しっかりいこう」と声をかけるとか。

キャッチャーだけが、守っているみんなのほうを向いて野球をしてるわけや。監督が言ってくれると思ったら、アカンぞ。誰かを頼るな。君がやるんや。

この練習は、キャッチャーの頭脳でコントロールされている。キャッチャーがどこに投げるかで、チームが動いているわけや。キャッチャーはそれを頭に入れながら、何かがあったときにはパッと場面を変えられるようにならないといけないぞ。

勇気を持って、プレーを止めて、「落ち着いていこう」と声をかける。そのときの状況を考えて、自分の言葉でバタバタしているチームを落ち着かせるんや。それがキャッチャーの仕事。いいか？

次は「ノーアウト、ランナー一塁」の設定でやろう。セカンドでゲッツー取れよ！

⑪無死一塁。二塁手へのゴロを大きくはじく。二塁手がボールを追いかけ、拾って一塁へ投げたが、悪送球になった

強い集団には厳しさがある

中野　集合！　セカンド、今のは一塁はアウトにできると思ったのか？

二塁手　セーフだと思いました。

中野　バッターランナーはとっくに一塁に到達してたやないか。なぜ投げた？

二塁手　練習なので、一応、投げました。

中野　セーフなら、投げるな。そんな練習をしても、何の意味もない。そういうときに、かえって送球ミスが出るんや。そんなお粗末なプレーをしたら、試合で通用しないぞ。

今のようなプレーのあと、もし投げる意味があるとしたら、一塁ランナーが二塁をオーバーランするのを狙って、二塁へ投げるとき。ミスしても、試合を想定して、試合で通用するプレーをしろ。

それと、今はエラーしたあと、誰も何も言わなかった。「ドンマイ」という空気があったな？それでいいのか？　よく考えろよ。ここでゲッツーが取れるかどうかは、試合の流れを変えるんじゃないか？　「よし、ゲッツーだ！」とみんなが思ったときに、エラーが出ると、痛い。相手はどう思うんや？

選手　「ラッキー」と思います。

中野　そうやないか。練習中に、それをどう思ってるんや？

よくないプレーをそのまま放っておくと、いいのか悪いのか、わからなくなるぞ。許したらダメなプレーは、みんなで許すな。そうやって心を一つにしてやらないと、いくらやってもよくならないぞ。

「まあ、いいか」「次だ、次」で流してしまったら、アカン！　強くなるには、やらなければばいけないことがたくさんある。これもその一つ。その選手のことを思って「そんなプレーをしてるようじゃ、ダメだ！」と、厳しく言えるチームになれ。誰も厳しく指摘しなければ、エラーした選手は気が楽。でも、上達しない。チームは弱いままや。

誰もが、きついことを言われるのは嫌。きついことを言うほうも嫌。でも、その**厳しさがあるのが、強い集団**なんや。強い集団は、一人ひとりを高めていく。弱い集団は、ミスを見逃す。「そこまで言わなくてもいいか」と考える。そんなんじゃ、いつまでたっても強くならんぞ。

今日も朝早くから練習している選手がたくさんいた。「強くなりたい」という気持ちが根底にあるはずや。どうせ練習するなら、よくないプレーを絶対に許すな。

エラーした選手は、自分のために厳しく言ってもらえ。それが、みんなのためにもなる。それが「チームが強くなる」ということや。

いいか？　逃げたらアカン。試合に出ているとか、出ていないとか、関係ないぞ。

「お前、試合に出てないくせに、偉そうに言うなよ」はダメ。「アイツは主力選手だから、強く言えない」もダメ。そこに差はない。そういう遠慮をすると、チームが弱くなる。

一つのミスが、負けにつながるんや。夏の大会なら、それで終わるんやぞ。

君たちの目標は、甲子園。そこに近づいてほしいから、あえて厳しいことを言いました。目標を達成するには、厳しさ、つらさ、苦しさがともなうんや。ミスをしたら、仲間から叱責を受ける。そんなことは覚悟してやらないと、甲子園には行けません。強豪私立を３つも４つも倒さないといけないんやから。

よし、最後に「ノーアウト満塁」でやるぞ。内野は前進守備で、ホームゲッツーを狙う。なんとしてもアウトを取れ！　ミスするなよ。


⚾無死満塁。遊撃手の正面への速いゴロ。遊撃手が捕ったが、本塁への送球が逸れて、捕手が捕れなかった

中野　集合！　三塁までランナーが進んでも、点をやらなければいい。あえて満塁にするケースもある。そこでは点をやってはいけない。それなのに、なぜ簡単に点をあげるんや？　点をあげたら、負けるんやぞ。

最後に、あえて点が入る場面をつくったんや。ヒットを打たれたんならともかく、内野ゴロでミスをする。これだから勝てないんや！

どれだけエラーが出ても、フォアボールが出ても、三塁までおさまっていれば、次のバッターを抑えたら、点にならない。三塁にランナーがいる場面でミスが出たら、失点になる。当たり前のことや。

三塁にランナーがいる場面で、アウトを取る。そのための練習をしてるんや。なぜ2点も3点もやるんや？　私はしつこいぞ。なぜかわかるか？　勝ちたいからや！

もっと真剣にやれ！　絶対に点をやったらアカン。もういっぺん、やってみよう。

――遊撃手が「ゴメン、おれが悪かった！」と声をかける

中野　よし、その声が大事や！　ショート、いいぞ！

⚾キャッチャースローノックが終わる

紅白戦で学ぶ

中野　集合！　これからチームを2つに分けて、紅白戦をします。6回まで0対0の設定です。

⚾雨が降ってきて、グラウンドが軟らかくなっている。7回表、チーム1の攻撃。先頭の右打者・Kが1ボール2ストライクから右前打を打つ。一塁をオーバーランしたところで滑って転んだが、帰塁した

中野　集合！　今のKのバッティングを、どう見ましたか？　はい、君。

選手　ファウルを打とうとしていたように見えました。

中野　私もそう思う。でも、本人に訊いてみないとわからないから、訊いてみよう。K、どうでし

たか？

K　追い込まれていたので、一塁側へファウルを打とうとしたら、ライトの前に落ちました。

中野　ファウル打ちは、こういうことが起こる。Kは朝練でファウル打ちの練習をしたな。すぐに技術が身につくわけじゃないけど、意識していることが結果につながったわけや。やってよかったな。

K　はい、よかったです！

中野　よっしゃ、ええ笑顔や。もう一つ訊くぞ。ライト。今のは、なぜ一塁へ投げなかった？

右翼手　一塁へ投げるのは、頭にありませんでした。

中野　バッターランナーがオーバーランして、滑って転んだやないか。雨でグラウンドが滑りやすいんじゃないか？　そういうちょっとしたスキを狙っておくんや。バッターランナーの動きをよく見て、常に狙っておく。スキがあったら、すぐに投げる。何か起きてから投げようとしても、アウトにできないぞ。

いいか、こういうプレーはやってみないと、わからない。バッターはファウル打ちをしようとして、ヒットになった。それと同じ。やってみたら、わかることがある。自分なりに考えて、いろいろなプレーをやってみろ。

7回裏、チーム2の攻撃。

先頭打者が打席に入ろうとしていた

中野　集合！　バッターとネクストバッター。今、攻撃が始まる前に何か話したか？
打者　いいえ。
中野　会話するのが大事なんや。イニング間の投球練習で、ピッチャーはどうやった？
打者　荒れていました。
中野　そうしたら、「ピッチャーが荒れてるから、あわてて打ちにいくなよ」とか、「絶対に出ろよ」「塁に出たら、走れ。オレがカバーしてやるから」という会話をしないか？
　7回表が終わって、0対0。この回の先頭バッターが出るか出ないかは大きいぞ。大事なバッターじゃないか。そのときにこういう会話ができれば、前へ進んでいけるんや。

⚾チーム2の先頭打者がフルカウントからヒットで出塁。その直後、初球に盗塁を成功させた

中野　集合！　ピッチャー、なぜけん制しなかった？
投手　初球はクイックで投げようと思っていたので、完全に盗まれなければアウトにできる可能性が高いと思いました。

中野　それは誰が思ってるんや？

投手　自分です。

中野　まだ言わすのか？　ずっと同じことを言ってるやないか。自分のことじゃない、**相手のことを考えろ**。これがわからなかったら、全部が言い訳になってしまうぞ。「いやあ、自分はこう思ってたんで……」。それは通用せん！　この場面でノーマークにして、ランナーに二塁へ行かれるのは絶対にダメや。まだ自分の理屈で野球をやっている。相手のことを考えて、野球をやれ。大事なランナーなんやから、けん制しろ。

野手は同点の7回に先頭が出たら、「けん制球で刺してくれ」と思わないか？

野手　それは思っていませんでした。

中野　なんで思わんのや？　思わないから、点を取られるんや。ピッチャーは、もっとけん制球の練習をしろ。君がけん制に自信を持てば、どうなる？

投手　ランナーが走りにくくなります。

中野　それだけじゃないぞ。ピッチングも変わるんや。「走られたらどうしよう」と思ったら、真っすぐの割合が増えるんじゃないのか？　そういうところまでつなげて考えるんや。こういう場面で、けん制球で刺してみろ。相手は「痛い！」と思うぞ。

失敗を恐れずチャレンジすれば、次につながる

⑪ 続く無死二塁の場面。次打者が三塁側へ強めのバントを転がした。投手が処理する。捕手は三塁を指示したが、投手は三塁ではなく、一塁へ投げた

中野　集合！　今のは三塁へ投げていたらアウトか、セーフか。サード、どうや？

三塁手　投げていたら、アウトだと思います。

中野　キャッチャーは？

捕手　アウトです。

中野　みんながそう言ってるぞ。ピッチャー、なぜ一塁へ投げた？　キャッチャーは「三つ！」と言ったぞ。

投手　足が滑って、悪送球になりそうだったので……。安全に一つアウトを取ろうと思いました。

中野　また言い訳か！　投げたらいいじゃないか。アウトにしないといけないプレーや。これが夏の大会なら、悔いが残らないか？　悪送球になるかどうかは、投げてみないとわからないじゃないか。

一塁でアウトにしたけど、ランナーは三塁に進んだ。これが夏の大会だったら、どうや？　こ

のランナーが還って、0対1で負けたら、「自分のせいで……」となるぞ。そういう後悔をしないために、練習してるんじゃないのか？

なにがなんでもアウトにする。それがわからないと、いつまでたってもいっしょや。今のバントを三塁でアウトにできないような練習をいくらやっても、試合でできるようにならん。**言い訳や逃げ道を考えるな！　失敗を怖がって無難にやろうとしても、何も生まれないぞ。チャレンジするから、次の道が開ける**んや。

⚾一死三塁から適時打が出て、なお一死一塁の場面。次打者が一塁側へバントした。一塁手が前に出てきたが、投手が捕る。投手は一塁ベースカバーに入った二塁手に投げ、二死二塁となった

中野　集合！　ファースト、なぜ前へ出た？

一塁手　バッターがバントの構えをしたからです。

中野　君が処理する打球だったか？

一塁手　いいえ。

中野　君は一目散に前へ出ていったぞ。一塁ベースはガラ空きや。セカンドがベースカバーに入ったけど、いつでも絶対に入ってくれるか？

一塁手　絶対ということはないです。

中野　試合で緊迫した場面になればなるほど、いつもできることができなくなるぞ。

夏の大会のことをイメージしてみろ。スタンドからの大歓声。今みたいにはできないぞ。ピッチャーが捕ったけど、一塁のベースカバーがいないということが起こる。

今のはファーストが捕る打球じゃない。バントの構えを見て前に出ても、転がったところを見て、ピッチャーに任せて自分はベースに戻ればいいじゃないか。

君は、バッターがバントの構えをした時点で、決めつけている。まだまだパターンで動いているわけや。状況を見て、判断していない。それではダメや。

相手が格上だったら、思い込みの逆を突かれるぞ。バントの構えをしてから、ファーストの動きを見て、打ってくる選手はいないのか？

一塁手　います。

中野　君は、そういうバッターになれ。バントと見せかけて、相手の動きを見て、守備を崩してから打つ。もしくは、ファーストとピッチャーの間を狙ってプッシュバントをする。

相手のスキを突くのはいいけど、君が守っているときにスキをつくったり、突かれたりしたらアカン。

相手を見て、臨機応変に考えてプレーしろ。パターンで決めつけるような、小さい範囲で考えた野球をするなよ。

⑩二死三塁から、三塁走者がホームスチールを試みる。しかし、ベースのかなり手前で捕手にタッチされ、アウトになった

中野　集合！　サードランナーは、何を考えていた？

三塁走者　ホームスチールを狙いました。

中野　完璧なアウトや。アウトになろうと思ってやったのか？

三塁走者　いいえ。セーフになろうと思ってやったら、アウトになりました。

中野　なぜホームスチールをした？

三塁走者　今までにやったことがないからです。

中野　よっしゃ！　それを聞きたかったんや！　おおいに結構！　チャレンジするのはいい。ただ、問題がある。バッター、君は三塁ランナーがホームスチールをしてくるかもしれないと思ってたか？

打者　いいえ、まったく思っていませんでした。

中野　これが問題や。やったことがないことにチャレンジしたのは、すごくいい。ただ、バッターは頭になかったぞ。そういうことを、お互いにわかり合えよ。わかり合えば、不安がなくなっていくから。

⚾8回表、1点を追うチーム1の攻撃。
無死三塁から、三塁走者がスタートを切り、打者がスクイズ。
一塁前へ強いゴロが転がった。一塁手が捕って本塁へ送球したが、
走者は打球を判断して、三塁へ戻った。打者走者も生き、無死一、三塁となった

中野 集合！ ファーストは、ランナーがスタートを切ったのはわかったな？ 問題はそこから先。転がってくるボールと、ランナーの動きを見ていたか？

一塁手 いえ、ランナーは見ていませんでした。ホームへ走ってると思って、投げました。

中野 今みたいなプレーは、よくあるぞ。思い込みでホームへ投げるのではなく、ランナーの動きを確認しないと。この前のバントゲームでも、ほかのファーストが思い込みで三塁へ投げた。また同じようなプレーが起きた。練習で起きたプレーから学べよ。

今のは、三塁に投げてアウトにしていたら、相手にとっては痛いプレー。逆に、今みたいにスクイズで得点できなくても、三塁ランナーが残れば相手にとっては、まだ得点のチャンスが続く。ましてやオールセーフで一、三塁。守備側にとっては、大ピンチ。こういうワンプレーが、試合の流れを変える。勝負を分けるぞ。

ランナーを見ながら打球を捕れということじゃないぞ。**ランナーの動きに気がついているかどうか。どのタイミングで、どうやって見るのか、どうやったら見えるのか？** そこを研究してい

けよ。
それから、公式戦でスクイズをしたことがある人は？

——何人かが手を挙げる

中野　成功した人はなぜ成功したか？　理由はわかってるか？

選手1　相手が無警戒でした。

中野　そう、今のプレーも無警戒だったな。じゃあ、公式戦でスクイズが成功したのは、どんなボールだった？

選手1　外角低めのカーブでした。

選手2　インハイのストレートでした。

中野　ほとんどがストライクだったはず。ということは、戦術として、スクイズは仕掛ければ点が取れるということ。見ている人が面白いかどうかは別にして、1点が取れる。1点が入ると試合が変わるぞ。

もしスクイズを外されても、ランナーが三本間に挟まれているうちに、相手に何かミスが起こるかもしれない。特に三本間のランダウンプレーでは、ピッチャーがプレーに加わる。ピッチャーはランダウンプレーの練習はそんなにしてないから、あまりうまくない。ミスが起こる可能性が高いぞ。

それと、キャッチャーは防具を付けているから、走りにくいというのも頭に入れておけ。

ランダウンプレーは、8割はアウトになる。でも、2割はランナーが生きる。**挟まれたら、ランナーはボールを見るのではなく、相手の野手を見る**んや。「わざとぶつかりに行け」ということではないけど、ランナーが野手にぶつかったら、走塁妨害になる。わざとぶつかりにくるチームもあるかもしれんぞ。そういうことを頭に入れておけよ。

27個目のアウトを取られるまであきらめるな

⚾ 8回表にチーム1が4点を奪い、逆転に成功した。1対4と3点ビハインドで迎えた9回裏、チーム2の先頭打者が打席に入る

中野　集合！　チーム2は、攻撃に入る前に何か話し合いをしたか？

選手　いえ、特に話し合いをしませんでした。

中野　君たちは、この回に4点取らないと勝てないんだぞ。それなのに、シュンとしている。勝負をしていない。あきらめている。

なぜみんなで「よし、ひっくり返すぞ！」という力を発揮させないんだ？　目標は甲子園なんだろ？　楽な試合なんか、一つもないぞ。夏の大会の試合で、9回の表が終わって3点差で負け

ていたら、あきらめるのか？　それじゃあ甲子園は近づいてこないぞ。今、「夏の大会だったらあきらめない」と思ったか？　そういう粘り強さは、日ごろの練習から積み重ねるんや。まだアウト3つ、残っている。27個目のアウトを取られるまで、試合が終わるまで、わからないじゃないか？　そういう気持ちを毎日毎日、積み重ねることが大事なんと違うか？　負けるチームは、こういうところが弱いんや。すぐに決めつけて、あきらめてしまう。いいか？

一死三塁の場面。1ボールから、左打者がドラッグバントを試みた。三塁走者は生還したものの、打者走者は一塁でアウト。2点差としたが、二死走者無しになった

中野　集合！　今の攻撃は、どうだった？　キャプテン、君はどう思う？

キャプテン　いい狙いだったと思います。

中野　ダメです！　3点差をひっくり返すんでしょ？　大事なのは1点を返すことか、アウトにならないことか？　1点返したけど、あと2点もあるぞ。今、カウントは？

キャプテン　1ボールでした。

中野　あと3球もストライクがあるのに、バントをした。1点返したけど、これでツーアウトになった。あとワンアウトしかなくなって、ランナー無し。どうやって2点取るんや？

キャプテン かなり厳しいです。

中野 **点差が開いていて、追いかけるときはアウトにならないことを考えろ。**狙いがどんなによくても、アウトになったら、意味がない。アウトをやったらいかん。

私がこのことを言わなかったら、君たちはこれからも相手を助けることになる。それじゃあ甲子園には近づけない。だから、厳しく言っているんや。たとえば、2ストライクまで待ったら、結果的に三振するかもしれない。でも、そのしぶとさは明日につながるんや。

「どうしても次のバッターにつなげないといけない。ここで自分がアウトになったら、負けに近づく」。そういう考え方は、明日に生きるぞ。

今のアウトで、敗色は濃厚になった。でも、絶対にあきらめたらアカンぞ！

紅白戦が終わる

相手に崩されるな。相手を崩せ

中野 集合！ 今日の紅白戦は、守りがバントでかきまわされた。

バントの構えを見て、バッターはどっちに転がそうとしているか予測すること。予測して、対応する。予測なしで対応しようとすると、エラーにつながるぞ。

ノーアウト一塁。何気なく守っていたら、バントをされて、ワンアウト二塁になるぞ。ピッチャーはどんな球を投げれば、バッターがバントを失敗するかを考えなさい。内野手は「バントだ!」と決めつけて突っ込んでいったら、バスターをされるぞ。試合ではよくあるプレー。こんなことも頭に入れて練習しないと、崩されるぞ。

攻撃側から言えば、バントをしっかり決めれば、相手が勝手にバタバタと崩れていくということ。それがよくわかったやろ?

バント一つが大きな武器になるんや。工夫一つで、攻撃のバリエーションが増える。たとえば、右バッターがサード側に転がすフリをしてから、プッシュバントをする。そうすると、相手はあわてるぞ。

まず、ピッチャーのスタートが一瞬遅れる。ピッチャーとファーストのどっちが一塁ベースに入るのか、迷う。そういうところから崩していくんや。

たとえばキャッチャー前のバントが高く跳ねたら、キャッチャーはあわてるんと違うか?コロコロ転がしたボールを捕る練習しかしてないから。

それを狙って、ボールの上っ面にバットを当てる。特に人工芝のグラウンドでは、打球がポーンと跳ねるぞ。

バッティングも同じ。「カーン」といい当たりを打っても、捕られたらアウト。ボールの上っ面を叩いて、跳ねる打球を打つのも大事なことや。

　こういう工夫をし始めると、試合では「そんな当たりがヒットになるのか……」ということが生まれる。相手のダメージが大きくなる。そうやって勝ちに近づいていくんや。

第4章

「授業」の紙上再現Ⅲ　実戦編

指導5日目

練習試合（ホームゲーム）

5日目と6日目は、他校との練習試合をしました。

練習試合では、勝ち負けよりも、内容から学ぶことが大事です。仲間同士の実戦練習では経験できないことがたくさんあります。

本番は夏の大会。そこまでにどれだけ経験から学べるか。失敗を恐れず、いろいろなことにチャレンジするべきだと考えています。

紅白戦であれば試合中でも「集合」をかけますが、練習試合ではできません。試合後のミーティングもしますが、「鉄は熱いうちに打て」。なるべくそのプレーに関する思考を覚えているうちに、確認したい。攻撃に入る前や5回のインターバルなど、タイミングを見て選手たちに話をするようにしています。

【練習試合第1試合】

①1回表の攻撃。一死一、二塁から四番打者のS選手が二塁右へのゴロ。際どいタイミングだったが、一塁はアウトになった

中野　さっきの打席だけど、君は一塁を駆け抜けてみて、「あ、惜しかったな」という感じじゃないのか？

S　はい。

中野　最初のスタートが遅いから、セーフにならんのや。打った瞬間に「あ、セカンドゴロだ」と思ったんじゃないか？　あきらめるな！　私は内野安打だと思ったんやけど、君は「しまった、打ち取られた」と思いながら走っている。だから、アウトになるんや。
　スタート次第で、アウトになるか、セーフになるか。大違いや。ああいう打球が内野安打になるようにしろ。そのために一塁駆け抜けのダッシュをやってるんや。ただのウォーミングアップと違うぞ。

⚾ 2回表の攻撃。一死一塁から、八番打者の打席間に一塁走者がスタートを切る。打者は空振り。走者は二塁ベースの手前で回り込むようにスライディングしたが、アウトになった

中野　あの盗塁は、ベースまで真っすぐ走ったか？

走者　いいえ、回り込みました。

中野　タイミング的には、セーフだった。回り込んでしまうから、ベースまでが遠くなって、アウ

トになってしまったんや。
2日前のケースバッティングで、似たようなシーンがあったぞ。あれは別の選手だったけど、君は覚えてるか？

走者 はい。わざわざアウトになるスライディングをするな、というお話でした。

中野 そうや。この盗塁失敗から、勉強するんやぞ。

3回表の攻撃。無死一塁から、一番のK選手（右打者）が初球をバント。三塁側に転がるが、投手の好フィールディングで一塁は間一髪でアウトになった

中野 どう考えて、バントをしたんや？

K 自分も生きようと思って、ライン際を狙ったんですけど、ちょっと内側に入ってしまいました。

中野 オッケー、送りバントじゃなかったんやな？ それでいい。いい狙いだった。惜しかったな。もう少しだけライン寄りだったら、セーフだった。
君は足が速いんやから、それをドンドン生かせ。ライン際を狙って転がせるように、技術を極めていけよ。初球だったら、ファウルになってもいい。カウントも考えて、やれよ。

続く一死二塁の場面。

二番のN選手（左打ち）が追い込まれてから2球、左翼線へファウルを打った。
その後、投ゴロを打ち、二塁走者が三塁でタッチアウトになった

中野　あのピッチャーゴロは、どういう狙いだった？

N　追い込まれていたので、ファウルで粘ろうと思いました。最悪でも右方向へ打ちたかったんですけど、ピッチャーゴロになってしまいました。

中野　よっしゃ、それで問題ない。君がやろうとしていることは、見ていてわかった。私がベンチから言ったことが、聞こえていたか？

N　いいえ、聞こえませんでした。

中野　私は「引っかけろ！」と言ったんや。君は一、二塁間へゴロを打ちたかったんやな？

N　そうです。

中野　そこへ転がすには、バットの角度がどうなっていたらいいか、どんな打ち方をしたらいいか、自分で考えてみなさい。

4回裏の守備。一死二塁から、五番打者に遊撃手の頭上を越える中前打を打たれた。
三塁手が中継に入ったが、一塁手も中継に入ろうとした。
H投手は本塁のバックアップに走っていた。

二塁走者は三塁を回ったところでストップ。一死一、三塁となった

中野　あの打球はライナー性の当たりだったから、二塁ランナーのスタートは遅れたぞ。なのに、みんながあわてて動くから、一塁ベースがガラ空きになったじゃないか。

相手が強豪校なら、ノーマークにしたバッターランナーは二塁へ行くんじゃないか？　それをアウトにしようとしてあわてて二塁へ投げたら、三塁で止まっていたランナーが還ってくるぞ。そうやってガタガタに崩れていくんやないか。

Hはなぜ、やみくもにホームのバックアップに走った？

H　やみくもではないです。

中野　いいや、私は見ていたんや。君はセンターが打球を捕ったのを見ていたか？

H　……いいえ。

中野　打球に背中を向けて、バックアップに走ったやないか。それを「やみくも」と言うんや。センターが後逸していたかもしれないぞ。ファンブルすることもあるだろ？

H　あります。

中野　何も考えてないじゃないか。それを「パターンで動いてる」と言ってるんや。

あわてるな。落ち着いてプレーを見たら、わかるやろ？　打たれた瞬間にあわてて「バックアップに動かないといけない」とパターンで反射的に考えるから、そうなるんや。ここをあらため

ないと、いつまでたっても同じことになるぞ。

⚾5回が終了。先発したH投手が、5回を投げ、3安打、無四球、無失点で交代した

中野　この試合は何を考えながら、投げた？

H　相手に振らせるつもりで投げました。

中野　いいピッチングでした。「相手は振ってくる」というのが、わかったか？

H　はい、わかりました。

中野　相手は2ボールからでも3ボール1ストライクからでも、ガンガン振ってくる。君が苦しんでいるのを助けてくれるんや。それをわかって、投げたらいい。公式戦でも、強豪私立は振ってくるぞ。自分から崩れないようにしたらいい。今日のピッチングは、よかったと思うよ。

H　ありがとうございます！

中野　4回のバックアップはいただけないけどな（笑）。それはまた勉強しよう。

⚾6回に4点を奪い、4対0で迎えた7回表の攻撃。二死から一番打者のKが2ボールからセーフティーバントを試みたが、

投手正面のゴロになって、アウトになった

中野　なぜあんなバントになった？

K　インコースにバットを引ききれなくて、当ててしまいました。

中野　ボールじゃないか？　なんでボール球をバントするんや？　見逃したら、3ボール。フォアボールもあるんじゃないんか？

そんな一番バッターは、どれだけ足が速くても、使ってもらえないぞ。なんでもかんでもセーフティーバントをしてやろうと思ってたんじゃないか？

K　そうです。

中野　何度も「自分の都合でやるな」と言ってるだろう？　カウントを考えろ。相手にラッキーをやったらアカン。こういう経験から、勉強しろよ。

5対0で迎えた9回表の攻撃。この回の先頭として、一番打者のKが打席に向かう準備をしていた

中野　今、何回や？

K　9回表です。

中野　何対何？

K　5対0です。

中野　どうするんや？

K　粘ります。

中野　そうや、早打ちだけはアカンぞ。2ストライクまで粘れ。三振はオッケー。粘れよ。

⚾9回表の攻撃。先頭のKが粘って、四球で出塁。二番打者のNの初球に、Kが二盗を敢行。捕手の二塁送球が逸れて、無死三塁になった。2球目。Nはバントの構えをして、バットを引いた。3球目で中犠飛を打ち上げ、Kが生還。6対0とした

中野　バッター、今のはどういう打席だった？

打者N　初球は走者のスタートがよかったので、見送りました。ランナー三塁になったので、2球目でセーフティースクイズを決めたかったのですが、ボールだったので、見逃しました。3球目はもう相手のサードが警戒して、前に出ていたので、ヒッティングに切り替えました。

中野　外野フライを打とうと思って、打ったのか？

打者N　いえ、犠牲フライを打つ技術はないので、強い打球を打とうと考えていました。

中野　オッケー、Nは相手をよく見てるな。三塁ランナーの足が速いから、セーフティースクイズでもなんとかなったかもしれんけど、３球目は警戒されてたからな。打ったほうがよかった。

⑪６対０で迎えた９回裏の守り。６回から救援した二番手のG投手が３本の長短打を浴びて、３点を失った。しかし、代わった投手が後続を断ち、６対３で勝利した

中野　ピッチャー、なぜ長打を続けて打たれるんだと思う？

G　ピッチングの幅が足りないと思います。どういう幅があればいいか、教えてください。

中野　それは君が考えること。人に訊いて、そのときにわかったつもりでも、本当の意味ではわからないんや。

今日の試合で明らかになったことがあるだろ？　８回までは内野ゴロで打ち取っていた。それが君の持ち味だと思わないとアカン。

長打を打たれるには打たれるなりの理由があるけど、結果論にすぎない。打たれるのを怖がったらダメや。打たれるのを怖がって空振りを取ろうとすると、持ち味を消してしまうぞ。

同じ打たれるのでも、内野手の間を抜かれたヒットと、外野の頭を越えた長打の違いは何か？それは自分で考えないとアカン。「たまたま打たれた」で終わらせるなよ。間を抜けていくヒ

ットをどう思うんや？
G　間を抜けるのは、オッケーです。
中野　そう思うなら、そういうピッチングを考えればいい。「ゴロを打たせる」ということやな。長打を打たれた球種は？
G　3本のうち、2本がストレートです。
中野　相手はストレートを待っていた。そこに甘いストレートがきたから、カチーンと打った。そういうことや。
バッターは、どういう球を投げたら、どういうバッティングをするのか。試合で投げて、覚えないといけない。もっと言えば、バッティング練習で投げないとアカン。ブルペンでのピッチング練習でいくら投げ込んでも、こんなことはわからんぞ。
実戦に近い形で投げて、つかむかどうか。相手もバットを振ってくるんやから、そりゃ打たれることもある。日ごろから、どういう球ならどういう打球が飛ぶのか、よく研究しろ。そこから逆算して、どんなボールを投げるのか、君が考えていくんや。

【練習試合第2試合】

0対0で迎えた3回裏の攻撃。無死一塁。

1ボール1ストライクからの3球目に一塁走者がスタート。打者が打ち、打球は右翼前へのライナーとなる。一塁走者は一、二塁の中間でいったん止まり、打球が落ちたのを見て二塁へ。無死一、二塁となった。

中野　一塁ランナー、なぜ止まった？

走者　ライトがノーバウンドで捕るかもしれないと思って、捕ったら戻ろうと思って止まりました。

中野　あそこから戻ったとして、セーフになるか？

走者　いいえ、ノーバウンドで捕られていたら、戻ってもアウトだったと思います。

中野　じゃあ、なぜ止まるんや？　止まりたくなる気持ちはわかるけど、戻ってもセーフにならないなら、そのまま行ってしまったほうがいいと思わんか？

走者　思います。

中野　そうやって考えるんや。わかったか？

⚾6対6の同点で迎えた7回裏の攻撃。先頭の八番打者が死球で出塁。打席に入った九番打者は、バントの構えをした。一塁走者が初球にスタート。打者はバスターをして、二ゴロを打った

中野　ランナーは、なぜ走った？　バッターはバントをしようと思ってたように見えたぞ。バッター、どうや？

打者　バントをしようと思っていたんですけど、ランナーが走ったので、ゴロを打ちました。

中野　ランナー、わかったか？　二人の考えが合ってなかったわけや。それが、結果的にバスターエンドランがうまくいったように見えるだけ。ここを突き詰めていかないと、いつもうまくいくとは限らないぞ。

私がこうやって確認しなかったら、「うまくいった」と思って、流してただろ？　それじゃあ、いつまでたっても「たまたま」とか「まぐれ」に頼ることになるぞ。お互いに話し合って、きちんと検証して、反省して、次に生かせよ。

2点リードで迎えた8回表の守備。二死三塁から一番打者の打席で、Ｉ投手の投球がワンバウンドになる。捕手が後逸。バックネット方向に転がった球を取り、本塁のベースカバーに入ったＩに投げたが、捕れずに1点を失った。その後にもう1点を取られ、同点とされてしまった

中野　キャッチャー、ホームへ投げた球をピッチャーが捕っていたら、アウトか？

捕手　アウトにできたと思います。

中野　ピッチャー、なぜスルーした？　あれを捕っていたら、チェンジで2点リードのまま。捕れなかったから、同点になってしまった。なぜ捕れなかった？

━投手　すみません。

中野　「すみません」じゃないんや。なぜ捕れなかったか、原因は君にしかわからないじゃないか。原因がわかっていないと、また同じミスをするぞ。よく考えろよ。「すみません」で済ますな。原因を突き詰めて、次へつなげろよ！

━投手　はい。

中野　「はい」じゃない！　返事だけでは信用せんぞ。やれよ！

指導6日目

練習試合（ビジターゲーム）

お前のためにチームがあるのではない。チームのためにお前がいるんだ

■練習試合前のミーティング

中野　今日は、私の指導の最終日です。私がみなさんに覚えておいてほしいことは何だと思いますか？

選手1　相手の嫌がることをする。

中野　はい。大事です。ほかには？

選手2　パターンで動かずに、プレーを見て、判断して動くこと。

中野　そう。決まりごととしてバックアップするんじゃなくて、前向きなバックアップ。確かに「備えあれば憂いなし」やけど、失敗することを考えたらアカン。「もし失敗したときのため」と言えばそうなんやけど、成功すると思ってやれ。君たちは、失敗することが前提になっているから、プレーも見ないで一目散にバックアップに入る。そういうクセがついている。ほかには？

選手3　ディレードスチールをしてみる。

中野　それもいい。ぜひ試合で試してみてくれ。誰かがやると思わずに、気がついた人がやればいい。誰も気づかなかったら、試合が終わってから反省して、気づいたらいい。ただし、K。君はチームで一番足が速いんだから、ディレードスチールは禁止です。どんなに警戒されていても普通の盗塁が決められるように、技術を磨きなさい。K、わかった？

K　はい！

中野　ほかには？　ドンドン挙げていってくれよ。

選手4　相手を見て野球をする。

選手5　ボールから目を離さない。

選手6　ファウル打ちをして、粘る。

中野　もちろん、それも大事です。ほかに？

N　**「お前のためにチームがあるのではない。チームのためにお前がいるんだ」**。

中野　そう！　私は、それをみなさんに直接言ったわけじゃない。「チームの勝利に勝るものはない」というのは伝えたけど。「お前のために……」というのは、昨日の朝、一塁側ベンチのホワイトボードに書きました。Nはそれを覚えてくれてたんやな。何色で書いてあった？

N　ブルーのマジックで書いてありました。

中野　みんなも、それを見ているはずや。何気なく見ている人は、頭に残っていないかもしれない。でも、絶対に見ているはずや。大事なことなので、頭に焼きつけておいてほしい。いいか？

テニスボールを使ったキャッチボールで視野を広げる

中野　これからウォーミングアップをしよう。まずはグラブをはめて、ジョギングする。2人1組。4、5メートル間隔で横に並んで、ジョギングしながら、テニスボールをトスし合う。走る距離は30メートル。3往復しよう。

始めてすぐに、ある選手が落球した

中野　集合！　なんで落とすんや？

選手　太陽がまぶしくて……。

中野　対応力がないなぁ。だから、相手に攻め込まれるんや。太陽は大昔からあるぞ。まぶしいに決まってるやないか。だったら、どうしたらいい？

選手　手でさえぎります。

中野　そうすればいいじゃないか。たったそれだけのこと。それができれば失敗は減らせるぞ。

全員が走り終える

中野　集合！　今度は走るスピードを上げるぞ。さっきと同じように、2人が横に並んでダッシュしながら、テニスボールをトスし合う。

難易度も上げるぞ。中間地点にマネジャーが立って、2人が走ってきたのに合わせて両手の指で0〜10の数字を示す。2人はそれを瞬時に見て、数字を答える。これも3往復しよう。

走りながら相手の動き、ボール、出された数字を見るんや。難しいぞ。やってみよう！

⚾全員が走り終える

中野　集合！　この練習は、何のためにやっていると思いますか？

選手1　相手の動きを見ながら、プレーするためだと思います。

中野　昨日の練習試合で、これに近いシーンがあったんや。

選手2　ランナー二塁でセンター前ヒットを打たれて、ピッチャーがプレーを見ずに本塁のバックアップに走ったプレーです。

中野　そういうのもあったな。ほかには？

選手3　ランナーがスタートを切ったのを見ずに、打ってしまう人が多かったから。

中野　ほかには？　I、どうや？

I投手　自分がワイルドピッチをして、本塁のベースカバーに入ったけど、キャッチャーからの送球を捕りそこねて、スルーしてしまいました。

中野　そう！　昨日の2試合目の8回や。みんな、覚えてるか？　ワイルドピッチになったけど、キャッチャーからの送球をIが捕っていればアウトで、チェンジだった。あの回の2失点はなかった。

昨日の夜、Iがなぜあのボールを捕れなかったのか、原因を探ったんや。それで、走りながらボールやベースを見るのが難しいからじゃないかな、と考えた。

この練習は、走りながら何かを見る練習や。これをやれば、課題が解決できるんじゃないかと期待して、やってるんや。Iのあのプレーを題材にして、みんなに上達してほしい。

昨日の課題を解決しないと、次に同じ場面がきたときに、また同じミスをするだろ？　一日一日、その日に出た課題をクリアしていく。単なるミスとして片づけてしまうと、いつまでたってもミスがなくならない。

それと、もう一つ。Sは今日もスリッパを使って練習しているな。昨日は学校のスリッパを貸してあげたんやけど、今日は自分で用意してきた。Sはグラブを忘れたんか？

S　いいえ、持ってます。

——笑いが起きる

中野　違うよな（笑）。Sは何か思うところがあって、わざわざ家からスリッパを持ってきた。今日のことを考えて、準備したということや。大きな変化、大きな成長だと思います。

さて、M。君は今日はグラブを使ってやってます。もしかしたら、「あ、Sはスリッパでやってるな」くらいは感じたかもしれないけど、この差は大きいぞ。月日がたてば、その差はどんどん広がるぞ。Mは、スリッパをなぜ使わない？

M　今日の練習のことを、まったく考えていませんでした。

中野　Sも、この練習を想定していたわけじゃないぞ。今日、この練習をするのは誰にも言ってなかったから。

私がこういう話をしないと、君たちは何事もなかったように流すだろ？　気づいてほしいから、こうやって話してるんや。気づかない人間は、いつまでたっても変われない。そういうヤツは、置いていかれるぞ。Mは人の姿を見て、こういうことに気づいて、勉強したらいい。わかった？

【練習試合】

⚾1回表の攻撃。無死一、三塁から三番打者が一塁前にセーフティースクイズを決めて、先制。なお一死二塁から四番打者が左翼線へ落ちる安打を打った。二塁走者は打球が落ちるのを見てからスタート。本塁を狙ったが、わずかに及ばずアウトになった

中野 二塁ランナー、打球が上がったとき、どうしていた？

二塁走者 ハーフウェイで、打球を見ていました。

中野 完全に止まった状態で、じーっと見ていたんと違うか？

二塁走者 はい、そうです。

中野 だからスタートが遅れるんや。第2リードの取り方を練習したやないか。動きながら打球を見ていれば、セーフだったぞ。完全に止まった状態から走り出したら、遅くなる。わかった？ ダッシュの1本も、そういうことを意識してやれよ。

⚾ 3対0で迎えた4回表の攻撃。先頭の六番打者が中前打で出塁。続く七番打者（左打ち）がバントの構えからヒッティングに切り替えたが、ニゴロで併殺となった

中野 バッター、状況をよく考えろ。今、何回で何点差や？

打者 4回、3対0です。

中野 3点リードで勝ってるんやぞ。そこでバスターをする必要はあるか？ よく考えろよ。この回に大量点は必要か？ 1点ずつ重ねていったらいいじゃないか。ということは？

打者　送りバントをするべきでした。

中野　そうや。勝ってるのに、負けてるような試合運びをしてどうするんや？　かえってチャンスが潰れた。これで流れが変わる可能性だってあるぞ。

君がバントして、ワンアウト二塁でいい場面や。君は左打ちで、足も遅くないんやから、三塁線に転がして自分もセーフになれば、ノーアウト一、二塁。そうやって試合展開を見ながら、考えてやるんや。

⚾3対0で迎えた5回表の攻撃。先頭の一番のKが安打で出塁。二番打者の1ボールからディレードスチールを決めた

中野　K、なんでディレードスチールをしたんや？

K　A先生から、試合中に「誰でもいいから、ディレードスチールを狙え」と言われたので、狙いました。

中野　試合前、私は君に何て言った？

K　自分はディレードスチール禁止と言われました。

中野　なんでしたんや？　楽なほうを選んだらアカン。チャレンジしたから言うかどうか迷ったんやけど、あえて言う。これを見逃したら、君が成長せんからな。

君の能力を磨くために、君に「ディレードスチールはするな」と言ったんや。君は公式戦の「ここ！」という場面で、盗塁を決められるか？　厳しい場面がくるぞ。練習試合では、どれだけアウトになってもいい。A先生も「アウトになってもいいから、どんどん走れ」と言われたんじゃないのか？

K　はい。

中野　練習試合でやらないで、いつ緊迫した場面でできるように練習するんや？　成長の機会を一つ逃したぞ。

いいか、本番はこんなもんじゃない。強豪私立のバッテリーは、簡単に走らせてくれないぞ。ピッチャーはけん制もうまいし、ちゃんとクイックで投げてくる。キャッチャーは肩が強い。考えが甘いぞ。

5回は追加点が入ったから、私がこうやって言わなかったら、みんなは「ディレードスチールが決まった、オッケー」で済ませてるだろ？

――多くの選手がうなずく

中野　仲間を甘やかすなよ。こういうことを許していたら、伸びないぞ。きっと本番で痛い目に合う。真剣に考えてやれ！

練習試合ではアウトになろうが、負けようが、何も痛くないんや。本番が大事なんや。その本番に向かってるから、こうやって厳しいことを言ってるんや。わかれよ！

⚾4対4の同点で迎えた6回表の攻撃。先頭の六番打者が四球で出塁。続く七番打者の3球目、カウント1ボール1ストライクから一塁走者がスタート。打者は一、二塁間をゴロで抜く右前打を打つ。一塁走者は三塁へ到達した。一、三塁の好機に八番打者は初球を強振。右越えの2点適時二塁打を打ち、6対4と勝ち越した

中野　いい攻めだったな。

七番がバントで送って、一死二塁にしてもよかった。でも、相手のことを考えたら、バントで1つアウトを取れればいい場面。それよりも、仕掛けられるのが嫌だったはず。

勝負をかける場面では、勝負をかける。そういう習慣をつけよう。ランナーが思い切って仕掛けて、バッターもうまく打った。ランナーのスタートを考えると、打たなければ二塁でアウトだったと思う。それが一、三塁という最高の形になった。

ノーアウト一、三塁になって、八番がセーフティースクイズをやるかと思ったら、初球を見事に打った。

君たちが自分で考えて野球をやり始めて、想像を超えるプレーが生まれているぞ。ドンドンやっていこう！

【メモ】この攻撃は「結果オーライ」の部分もあります。しかし、ここで「あの場面はセーフティースクイズや!」と私が叱ってしまうと、台無しになってしまう。自分たちで考えて、次に生かしていってほしいので、あえて前向きになる伝えかたをしました。

やはり「チームの勝利に勝るものなし」

■最後のミーティング

中野 これで、1週間の指導は終わりです。どうもありがとう。

みなさんは、学習をするということに対しては、無意識のうちに自学・自習できる。自分の課題を見つけて、自分でクリアしていく習慣がついていると思います。その延長線上で考えると、野球の練習でも自学・自習をしたくなると思う。

限られた時間のなかで個々の力を上げる練習をするのも大事ですけど、チームプレーの練習、チームのみんなでする練習に力を注いだほうが、結果につながると思います。勉強は、大学受験に向けて3年間で着実に志望校に合格できる力をつけていく。野球もそれといっしょ。夏の大会へ向けて、チームのみんなで一日一日前へ進んでいけばいい。

みんな、大好きな野球をしています。野球には、人生の勉強になることがたくさんあります。

一番お伝えしたいのは、**わがまま、自分勝手、利己主義を言わない**こと。これを野球から学んでほしいと思います。

『チームの勝利に勝るものなし。お前のためにチームがあるのではない。チームのためにお前がいるんだ』。この言葉をいつも頭に置いて、チームが勝つことに全力を尽くしてほしい。勝利に向かってみんなといっしょに努力をして、勝ったらみんなが喜ぶ。そこに野球というスポーツのすばらしさ、価値があります。

これから春の大会がありますが、すべては夏の大会に向けて。パターンで決めつけて動くのではなく、ボールから目を離さず、プレーを見て、落ち着いて対応すれば、みなさんが持っている力が出ると思います。みなさんの進歩には感心しています。このまま前を向いて、進んでいってください。徳島から応援しています。

試合につながる練習で選手を目標へ導く

いかがでしたか?

お読みいただいたとおり、私はウォーミングアップもキャッチボール、ノック、バットスイング(素振り)も、すべてが試合につながるように考えて、練習を展開しています。

基本技術の練習だけではなく、試合形式の練習も多いです。たった1イニングでもいいから、紅白戦をやる。それも含めて、ゲームをしなかった日の記憶がないくらい、ゲームをしてきました。冬の期間も同じです。

ミーティングだけではなく、**練習中の「集合」で「こういう選手になってほしい」「こういうチームに育ってほしい」という私の願いを選手たちに伝える。「こういう場面では、こういうプレーがある」というケースを繰り返して、習慣づける。「わかる」を「できる」にする。そうすれば選手たちはいろいろな場面での対応力を身につけて、試合に強くなります。**

選手が自分のやりたいようにプレーして勝てればいいのですが、そうはいかないことが多々あります。相手が嫌がること、相手が予想していないことをやっていく。それが力の劣るチームに必要な戦いかたです。

選手主体で試合を進めるというのは、耳障りがいい言葉です。でも、選手たちがその力をつけているかどうか。そこは指導者の責任です。その力がないのに、「選手主体で」と言うのは、「勝っても負けても、お前らの責任だぞ」と言っているに等しい。選手たちが目標を達成できるように練習で導いていくのが、指導者の仕事です。

練習はウソをつかない。強くなるためには、練習する以外に道はありません。

しかし、時間には限りがあります。だからこそ、練習の密度を濃くできるかどうかが問われます。いかに試合につながる練習をするか？「練習のための練習」など、している時間はありません。

勝つチーム、強いチームは、さまざまなプレーを想定して練習しています。「こんなプレーは、あまりないのではないか?」というプレーでさえ、練習する。だから、どんな場面でも対応力があるのです。

負けるチーム、弱いチームはそこを「無駄だ」と考えて、省いてしまいます。効率を重視するのも大事なのですが、勝つために必要なことまで省略してしまったら、元も子もなくなります。

経験があるプレーとないプレーでは、試合でできる可能性が格段に変わってきます。仮に試合で出せるのが5だとします。10知っているうちの5を出すのと、5しか知らないなかで5を出すのでは、意味がずいぶん異なります。10知っているからこそ余裕が生まれ、ゆとりを持ってプレーすることができるのです。

試合本番を迎えるまでに、監督としてどれだけ準備してあげることができるか? 余分だと思えるプレーを含めて、どれだけの経験をさせてあげることができるか? それが勝敗を分け、チームの成長や発展の鍵を握っています。

教え子の証言1

チーム21人の思考で相手監督一人の思考を止める

川﨑喜公　高川学園高2014年主将

ある日、私が職員室の中野先生を訪ねていったときのことです。中野先生は腕組みをして、一点を見つめておられました。しばらく待ってから「中野先生」と声をかけると、「あ、ヨシキか。悪い。日本一のことを考えとった」とおっしゃいました。今でも鮮明に覚えている、中野先生とのエピソードの一つです。

中野先生の野球に興味を持つ人が一番知りたいのは、「どうやってノーサインでいろいろな作戦を実行できるのか」だと思います。私なりの回答は「日々の鍛錬」です。

私たちはイニング、点差、アウトカウント、ボールカウント……。1球ごとに刻々と変化していく状況において、「今は、これをやったほうがいい」というプレーを選択して実行していました。走者と打者で選択したプレーがマッチすれば、成功率がより高くなります。「オレはこう考えるから、こうする」という独りよがりでは、うまくいくはずがありません。

選手同士がサインを出し合うわけではありませんが、イニング間に前後の打者で話し合いはしていました。たとえば、「オレが塁に出たら、カウントによっては走れそうだよ」「じゃあ、走ったら、スタートを見て合わせるよ。塁に出ないと始まらないから、ボール球は絶対に振るなよ」というように。

しかし、そのとおりに事が運ぶとは限らない。そこから先は、目の前で起きていることに対応していかなければなりません。日々の練習でいろいろな状況を想定して鍛錬しているので「この状況なら、アイツはこう考えて、こうするだろう」と理解できる。だから、サインがなくてもできるのです。

日々の鍛錬は、練習だけではありません。たとえば、打順が前後の打者やバッテリーは寮で同部屋。普段からコミュニケーションを取り合う状況をつくり、日常生活のなかでお互いの考えかたや行動のしかたを理解し合っていました。

中野先生には、よく「今、わしが何を考えとるか、わかるか?」と訊かれました。この問いには、準備をしていないと答えられません。たとえば、朝の練習でどんなことがあったか? 中野先生は何を見ておられたか? そこから「放課後の練習で訊かれるかも」と思って、考えておきます。そうすれば「朝はこうだったので、放課後の練習ではこういうことをしようと考えておられるんじゃないですか?」と答えられる。すると、「よっしゃ。じゃあ、それをやってくれ」となる。中野先生はこうして私たちの思考回路を常に回させ、常に先、先を考えるように鍛錬してくださっていたのだと思います。

また、中野先生はプレーや行動の一つひとつに「なぜ?」と問いかけておられました。たとえば、紅白戦のなかでエンドランを仕掛けた。すると「集合!」と言って選手を集めて、「なぜ」と問う。普通のチームなら、「サインが出たから」で終わり。でも、私たちは的確な答えを出さなければなりません。「走者を進めたかったので」といった答えでは話にならない。自分たちだけではなく、相手を考える。「変化球のタイミングだったので」でも、まだ浅い。パターンではなく、その状況にしかない答えがあります。中野先生は「集合」のなかで、その答えを導き出せる感性や野球観を浸透させておられました。

たとえば、紅白戦をやっている横で素振りをしながらプレーを見ていたメンバー外の選手がいたとします。中野先生が「集合」でその選手に「君はどう思う?」と訊く。正しい答えが返ってくると、「ベンチに入れ」「試合に出ろ」ということが何度もありました。中野先生の野球を理解している選手がベンチに入り、試合に出ていた。「球が速い」とか「遠くへ飛ばす」という能力だけでベンチに入る選手は、いなかったと思います。

このように、私たちは中野先生の問いで毎日毎日試されて、鍛えられていました。日々の鍛錬の成果で、チームの一人ひとりが司令塔の役割を果たせるようになりました。ベンチに20人の選手がいれば、中野先生と合わせて21人。それに対して、相手のチームは監督一人の思考で試合を進めています。中野先生の野球では、21人の思考で相手の監督の思考を止めたり、狂わせたりしていきます。私たちが選択したプレーに対して、相手の監督が嫌な表情を見せる。その回数が多ければ多いほど、私たちが勝ちに近づいていく。そんな感覚がありました。

中野先生と過ごした3年間で、私たちは日々進化していったと思います。常に考えていないといけないので頭のなかは大変でしたが、とても面白かった。あの日々は、間違いなくその後の人生の糧になっています。

第5章

試合で野球観と観察力を磨く

野球の試合では、目の前で起きているプレーの観察が大事です。「今のプレーをもう1回！」は、ありません。もちろん「集合」でプレーを止めることもできません。状況は一球一球変わっていきます。

選手の動き。ボールの動き。試合の動き。今、何が起きているのか。これから何が起きようとしているのか。指導者は自分の野球観で、その瞬間を逃さずに観察しなければなりません。

野球観や観察力を磨くには、実戦から学ぶのが一番です。この章では、私が監督を務めた東亜大の試合と、私が外部コーチとして指導に携わった徳島県立富岡西高校の試合を題材に、ポイントとなる場面で私が何を見て、どう考えていたかを解説していきます。実際の試合を詳しく紐解いていくことで、「シン・ノーサイン野球」の一端を理解していただけると思います。

ところどころで、私が質問を投げかけています。ぜひ、答えを考えながら読んでください。

①2003年　第34回明治神宮大会準決勝　東亜大対早稲田大

「小よく大を制す」を体現した試合

私は1991年、東亜大の野球部創部と同時に監督に就任しました。創部4年目の1994年には明治神宮大会で初出場・初優勝。その後は全日本大学選手権、明治神宮大会に出場するものの、優勝には届かない年が続いていました。

２００３年の東亜大は、４年生が少ないチームでしたが、主将の宮本龍（現東亜大監督）が中心になってチームをまとめてくれました。

対戦した早大は、鳥谷敬（阪神―千葉ロッテ）、青木宣親（現東京ヤクルト外野手）といった能力の高い選手が揃っており、「プロ予備軍」ともいえるエリート集団。秋の東京六大学リーグ戦では早大野球部史上初の４連覇と10戦全勝優勝を達成して、明治神宮大会へ出場してきたチームでした。


この試合の東亜大の先発は、２年生の竹林俊行（ＮＴＴ西日本）。２日前の東北福祉大戦に４対１で勝利したのですが、竹林は６安打１失点で完投勝利を挙げていました。彼がエースなので、この試合も先発を任せました。

第２章の「授業の紙上再現」で投手にどういう投球を目指すように話したか、覚えていますか？「投手は１試合を90球以内」です。この竹林も90球に収めようと投げていました。

東北福祉大戦の投球数は１０８球。これくらいの球数で収まると、試合は早いテンポで進みます。


「守りは短く、攻撃は長く」が東亜大の真骨頂でした。

竹林の背番号は「３」。大学野球では珍しい。なぜ「３」かというと、元々内野手だったからです。彼は内長身で、バッティングがすばらしい選手。セカンドを守らせて、主軸を打たせていました。彼は内野手をやっている間に投げるコツを覚えて、スローイングがよくなった。ボールがグンと伸びる。それで、この年の春からピッチャーで起用しました。

直球の球速は130キロ前後でしたが、制球が抜群にいい。安打を打たれても、併殺を取る投球で「勝てる投手」でした。

実は、彼は145キロ前後の球を投げる力がありました。でも、私は「速い球を投げるな！」と言っていました。全球を全力で投げていたら、9回までもちません。全力投球は、大事な場面だけ。1試合で2、3球使えば十分です。

「打たせて取って、簡単に片づけろ。バックを信じて打たせると、守りがどんどんよくなってくる。負けないチームになってくる。そういう考えかたで野球をやれ」

竹林に限らず、投手にはそう話していました。これは私が経験のなかで編み出した考えかたです。竹林には、そういう考えかたはありませんでした。でも、私は彼が速い球を投げたら「ダメだ！」としつこく言いました。

エースには何試合投げても、どれだけ連投しても、壊れない体をつくってほしい。そのためには、体づくりやケアはもちろん、考えかたが大事です。

■1回表　早大の攻撃

一番の田中浩康（現横浜ＤｅＮＡコーチ）は中飛。二番の青木が二塁への内野安打で出塁しました。

青木は必ず1球目か2球目に走ってくる。そんなややこしい選手を、最初の打席で塁に出してしまった。

青木のリードは、かなり大きかった。神宮球場のグラウンドは人工芝ですから、ベース周辺の土の部分（アンツーカー）と人工芝の境目がリード幅の目安になります。青木の右足は人工芝の上にありました。

竹林は盗塁を警戒して、けん制球を投げていましたが、青木は続く三番・鳥谷の打席の1球目に走ってきた。竹林はクイックモーションがうまい投手。青木のスタートも、少し遅れたと思います。捕手・中東直己（JR西日本―ホンダ鈴鹿―広島）が二塁へ好送球して、うまくアウトにできました。

「青木が走って、鳥谷が打つ」というのが、早大のペース。それを封じた。だから流れが来たのであって、もしこれがセーフになっていたら、このゲームは全然違う展開になったと思います。

□1回裏　東亜大の攻撃

私は攻撃中には三塁コーチャーズボックスに立っていました。サインを出していますが、すべてダミーです。東亜大がノーサインで野球をやっていることは広く知られていましたので、早大も私のサインがダミーだとわかっていたと思います。

ただし、ご承知のとおり、ただ監督がサインを出さないだけの野球ではありません。「何回、何点差で打者が誰、走者が誰のケースでは、こうする」というのは、練習で何度も何度もやっていました。サインを出さなくても、選手たちは「今、何をすればいいか」はわかってプレーする。一人ひとりが自由にプレーする、いわゆる「ノーサイン野球」とは、意識や考えかたが異なります。

早大の投手は、越智大祐（巨人）。当時は2年生でした。越智は速い球をドンドン投げ込んでくる。ピッチングのスタイルは、竹林とまったく違います。

一番の中東は三振でした。彼は三振がほとんどない打者。ファウルを打つ練習もよくしていました。足も速くて、内野安打がものすごく多かった。その中東が、三振した。私は「これは、もう打てないな。この試合は終盤勝負だ」と判断しました。

そこで、東亜大はどんな攻撃を仕掛けると思いますか？

名づけて「三振攻撃」です。わざわざアウトをプレゼントするのかと思って驚くかもしれませんが、そうではありません。

たとえば、初球から甘い球、自分が打ちたいボールが来た。それを打って、ショートフライになったとします。それに対して、初球の甘い球を見逃して、そのまま3球で三振した。あなたは、どちらに価値があると考えますか？

甘い球を見逃して三振したら、交代させる監督もいると思います。「三振するな！　ファーストストライクから打て」という監督は多いでしょう。

私は逆です。試合に勝てばいい。三振なんて、どうってことない。だから「三振攻撃」が頭に浮かんでくるのです。

1球でもファウルを打てば、同じ三振をしても4球投げさせることになる。そうやって粘ると、1イニングが三者三振で終わっても、15球ぐらい投げさせることになります。逆に、初球から積極的に打つだけのチームは、3球であっという間にチェンジになることがあります。どちらがいいですか？　私は「守りは短く、攻撃は長く」がいいと考えています。

この試合、東亜大の攻撃は三振の山を築きます（計10三振）。私が「三振攻撃」を指示して、選手が打席で実行したからです。その割には、四球が生まれます（計7四死球）。追い込まれてから粘って、ファウルを打ちにいくからです。ファウルを狙った打球が、フェアゾーンに入って、安打になることもあります。

ヒットを打ちに打席に入った打者が、初球から平凡なフライを打つ。三振してもいいと思って打席に入った打者が、四球や安打で出塁する。これが野球というスポーツの面白いところです。

■3回表　早大の攻撃

2回までの両チームの攻撃をみると、早大はヒットを打っていますが、東亜大は三振ばかり。誰もが「絶対に早稲田が勝つ」と思ったでしょう。でも、野球は安打数の勝負ではないのです。

投手が安打を1本打たれたり、エラーが1個出たりしたときに「ピンチになった」と感じたことはないですか？

自分のことだけではなくて、相手がよく見えるようになれば、そんな必要はないことがわかると思います。

「この選手を出したときは、どうする」「この選手は塁に出しても問題ない」。そういうことを頭に入れながら野球をやれば、いつ、どんな走者を出しても「ピンチだ！」と自分で自分を追い込むことはなくなります。

この3回表には、一死から投手の越智に安打を打たれました。しかし、悲観する必要はまったくありません。なぜでしょうか？

投手が塁に出ると、いわゆる「お荷物」になることが多いからです。投手は盗塁をしないので、いくら塁に出てもいい。もっと言えば、塁に出て、疲れてくれたほうがいい。そう考えたら、野球が変わりませんか？

盗塁をしてこない走者が塁に出れば、併殺を取ればいい。それには、投手はどこに打たせたらいいですか？

二塁手？　遊撃手？　そう、投手です。投手は、走者を一塁に出しても、自分のところに打たせるように投げたらいいのです。投ゴロを打たせて、1－6－3、あるいは1－4－3の併殺に仕留める。そうすると、守りが盛り上がります。

竹林は、一死一塁から、一番の田中に投ゴロを打たせようと考えながら投げていました。結果は二ゴロ。ところが、二塁手の宮本がファンブル。二塁には投げられず、一塁へ投げて1つアウトを取りました。これで、二死二塁。痛いプレーでした。

私はベンチから見ていて、宮本がはじいた瞬間に思わず「セカンド！」と言いました。二塁へ投げたら、アウトかセーフか。あとでこの試合の映像を見返すと、二塁でアウトにできるタイミングでした。

捕球をミスしたとして、「このタイミングならアウトにできる」「このタイミングならセーフにしてしまう」という感覚を、練習で養わなければなりません。日ごろはしっかりできることでも、大会になると、どうしてもミスが出てしまいます。そのときにあわてないように、訓練しておくのです。

ただ、このケースではもし二塁へ投げてアウトを取っていても、一塁もアウトにできなければ、足の速い田中が一塁に残ることになります。二死二塁で走者・越智がいいか、二死一塁で走者・田中がいいか。それは、終わってみなければわかりません。

続く二死二塁のピンチで、二番・青木に中前打を打たれてしまいます。打たれた瞬間、私は「あっ、1点取られた！」と思いました。しかし、二塁走者の越智は三塁で止まりました。三塁ベースコーチが止めたのです。

のちに映像を見てわかったのですが、青木が打ったあと、早大の三塁ベースコーチは外野手のプレーそのものを見ているわけではありません。距離的、時間的な感覚で、止める判断をしたのだと思います。東亜大の外野手は足が速いし、肩が強い。加えて、走者が越智だったからこその判断でしょう。

さて、ここで三塁ベースコーチが止めてくれたことがラッキーなのかどうか、これも終わってみなければわかりません。二死一、三塁で打者は鳥谷です。心配だったのは、一塁走者の青木が盗塁してくるかどうか。結果として、走ってきませんでした。青木はこの試合で4打数4安打だったのですが、初回に最初の盗塁を刺されていたため、そのあとは出塁しても盗塁をしなかったのです。

相手が最初に仕掛けてきた盗塁を、バッテリーが刺す。それが試合の展開上で非常に大事だということがわかります。

二死一、三塁で三番の鳥谷をストレートの四球で出して、二死満塁になりました。鳥谷を敬遠したわけではありません。2球ほどストライクかボールか、際どい球がありました。結果的に敬遠のような形になったのです。

迎える打者は、四番の比嘉寿光（現広島編成部）。ここで一打出れば、この試合は一方的な早稲田ペースになる場面です。

比嘉の打球は、二塁ベース右へのゴロになりました。中堅へ抜けるかという当たりでしたが、二塁手の宮本が好捕して、二塁ベースカバーに入った遊撃手にトス。二塁封殺でチェンジとなりました。

宮本がよく追いついたし、難しい体勢からよく送球した。このプレーが試合の分岐点の一つでした。

私たちがしぶとく守るので、相手は攻めても攻めても点が入らない。それが東亜大の底力でした。そういう守備力をつけると、相手は焦りはじめます。思いどおりの試合展開に持ち込める感じになってきました。

■4回表　早大の攻撃

早大がどんどん焦っているように感じました。

この回の先頭打者の武内晋一（現東京ヤクルト編成部）は長打力はありますが、盗塁を警戒する必要のない選手。長打さえ打たれなければ、塁に出しても怖くありません。

武内は右前へ安打を打ちました。右翼手の山下翔（JR西日本－JR九州）がスライディングキャッチを試みたのですが、ボールをこぼしてしまいました。このとき、山下はすぐに打者走者の武内を見てから、あわてずにボールを拾って内野手に返球しています。

「あわてずにプレーする」とは、こういうこと。何気ないプレーですが、相手を見ながら野球をやるのはとても大事です。

次の由田慎太郎（現オリックス育成コーチ）は足が速い選手でした。早大は、先に点が欲しい。あの手この手を使ってきます。

由田は、初球にバントを失敗します。野球というのは、一球一球で局面が変わるスポーツ。ここからバントで送ったほうが得点になるのか、バント失敗が「吉」と出るのか、終わってみないとわかりません。

早大は私たちの予想に反して、2球目にヒットエンドランを仕掛けてきました（結果はファウル）。野村徹監督が作戦を切り替えたわけです。これで2ストライクです。

0ボール2ストライクは投手有利のカウント。しかし、ここから先がどうなるかなんて、誰にもわかりません。そんなときは「1－6－3、1－4－3の併殺を取ろう」と思って守っておけばいい。やるべきことを徹底するだけです。

結果は、バスターで三遊間を破られて、無死一、二塁になりました。

この場面で、打席には七番の米田文彦（ホンダ）。東亜大は「バントだろうな」という守備シフトをしきました。ただし、極端なバントシフトではありません。相手がバントしてきたら、投手が処理すればいいからです。投手の守備のうまさ、守備範囲の広さは、こんなところにも生きてきます。

ここで、無死一、二塁のバントシフトについて考えてみましょう。一塁手が前進してきて、バントを処理。三塁でフォースアウトにする――こういうプレーを、試合でどれくらい成功させたことがありますか？

おそらく、思い出せるかどうか……というくらいではないでしょうか？　ならば、そのバントシフトは何のためにやるのですか？　一塁手が突っ込んでも一塁でしかアウトが取れないなら、ただのバント処理と同じです。わざわざシフトをしく必要があるのかどうか、よく考えなければなりません。

話を戻します。ここで竹林は、米田にバントをさせにいく投球をします。スライダーでフライをあげさせよう、投ゴロにさせようと考えています。

ところが、バントではなかった。米田に右翼への先制3ランを打たれてしまいました。おそらく野村監督は「バントでは点が入らないだろうな」と思ったのではないでしょうか。それが、3ラン。こんなことまでは、誰も予想できません。

□4回裏　東亜大の攻撃

0対3。このままズルズルいくと、コールドゲームになってしまいます。

私は「三振攻撃はやめ！　打ちにいけ！」と指示しました。

こういうとき、あなたが監督なら、どういう言いかたをしますか？

「1点1点取ろう」と言う監督が多いと思います。しかし、私はそうではありません。チャンスだったら、一気にひっくり返す。もしくは2点を取って、1点差にする。アウトカウントを増やさずに、つないでいく攻撃をしなければなりません。もちろん、そういう練習を何度も何度も繰り返していました。

選手たちは、積極的に塁に出ようとします。それが、4回に初安打となって表れました。早大は「これまでのイニングとちょっと違うな」と思ったのではないでしょうか。まさか、それまでは「三振攻撃」をしているなんて、考えもしないでしょうから。

この回の攻撃では点が入りませんでした。しかし、点を取られたことで、試合が動き始めました。

■5回表　早大の攻撃

この回先頭の青木が、また出塁します。三塁線へセーフティーバントをすると見せかけて、そこからバットの角度を変えて、二塁前へドラッグバント。二塁手の宮本が前進して捕り、一塁手へグラブトスしますが、セーフになりました。

この打席で青木はなぜドラッグバントをしたのか。その考えを想像してみましょう。

青木は、相手投手の守備がいいから、揺さぶってきたのだと思います。バットの角度で守備陣を惑わせた。相手から学ぶべき、いいドラッグバントでした。

青木を塁に出してしまったのは、しかたない。あとは走られなければいい。私は「もしここで走られると、ガタガタになるだろうな」と思って見ていました。しかし、青木は走らず。次打者・鳥谷の投ゴロで1－6－3の併殺に仕留めることができました。狙いどおりです。

投手の竹林が打球に反応して左（一塁方向）へサッと動いて捕り、すぐに二塁へ投げた。こういう投手のフィールディング練習は毎日、嫌というほどやっていました。もし二塁手が処理していたら、併殺が取れたかどうか、わかりません。

この回は3点をリードした早大が攻めてきましたが、東亜大はしぶとく守り、追加点を許しませんでした。この試合で竹林が与えた四球は1つだけ。余計な走者を出さなかったことが、次の失点を防いだと思います。

早大はなかなか得点を許してくれない。もしかしたら、このまま0対3で負けるかもしれません。ただ、相手に余計な追加点を与えないことが大事なのです。

■6回表　早大の攻撃

竹林の投球数は、5回を終えて66球。この回は二死から七番の米田には右翼右へ安打を打たれました。

このとき、右翼手の山下は打球を捕ったあと、打者走者の動きを見ていました。これは「オーバーランが大きければ、刺してやろう」と狙っていたのです。米田のオーバーランがそれほど大きくなかったので投げませんでしたが、東亜大の外野手はいつもランナーの動きを見て間合いをはかり、相手にスキがあれば投げる準備をしていました。

□6回裏　東亜大の攻撃

この6回裏の攻撃は、東亜大の野球を象徴するものでした。詳しく解説していきます。

先頭の中東はバットを短く持って、打席に入っていました。その初球。緩い変化球が内角へ来ましたが、見送りました。彼は、とにかく塁に出ることを考えて打席に入っています。だから、選球眼がある。もし、打ちにいこうとしていたら、この球にも手が出て、空振りになっていたかもしれません。

2ボール1ストライクからの4球目、死球で出塁します。

いろいろなスポーツに言えることだと思いますが、チャンスは相手のミスから生まれてきます。野球の場合はエラー、四死球、振り逃げなどです。

次打者は、波多野俊輔（佐藤薬品工業）。右打席に入ると、初球はバントの構えをして、バットを引きました。判定はストライク。しかし、ボールだと思ってバットを引いたわけではありません。

では、なぜそうしたのでしょうか？

波多野は、はじめからバントなんか、する気はないのです。得点差は3点。アウトをやらずに走者を進めなければならない場面です。波多野もそう考えながら、打席に立っていました。もちろん、一塁走者の中東を含め、選手全員が同じ考えでした。

2球目に中東がスタート。波多野はスイングしましたが、ファウルになりました。1ストライクから走ると、外角に外される危険があります。このボールはストライクゾーン付近にきましたが、もし外角に外されていても、波多野は喰らいついてファウルにしたと思います。

これで2ストライク。ここからが大事です。簡単にアウトになったら、ダメなんです。

こういうときに、打者は何を意識するか。

東亜大の打者は粘るために、逆方向へのファウル打ちを意識します。もちろん日ごろからそういう練習をしていました。結果として、一ゴロや二ゴロになって併殺になるかもしれません。でも、やってきた結果でそうなったら、それはしかたありません。

波多野は一塁線へのファウルを1球打ったあと、右前打を打ちました。彼はファウルを打とうと思っているのですが、結果的にフェアゾーンに入って、右前打になった。これはもう、運がいいか悪いかの問題です。

これで無死一、二塁になりました。次は三番打者の松岡康典（ホンダ鈴鹿）。私は「何をするのかな」と思って、三塁コーチャーズボックスから松岡に近寄っていきました。

「お前、どうするんや？」と訊くと、「確実にランナーを進めます」と言いました。本人はバントをしようと思っていました。

初球。二塁走者の中東がスタート。それを見て、一塁走者の波多野もスタートしました。一気に3点を取ろうと、勝負をかけたわけです。ここで打者の松岡はバントしましたが、ファウルになりました。

実はこのときの中東のスタートは、あまりよくなかった。練習では「スタートが悪かったら、バントの構えからバスターをして、ゴロを打つ」ということをしていました。何度も何度もやってきたことが、この場面ではできなかった。

練習どおりにできなかったのは私のせいです。わざわざ「お前、どうするんや？」と訊いたから、松岡はバントを意識してしまった。それまでは視野が広かったのに、私がバントに意識を集中させてしまったから、二塁走者のスタートが遅れたのが見えなかった。私は「しまった、余計なことをした」と思いました。

私は、大事なことを言ったとき、「よく覚えておけよ」と言います。ただ、「忘れてもいいよ。その代わり、何かのタイミングで思い出せ」とも言います。覚えよう覚えようとしたことは、あまり力になりません。何かのタイミングで気がついて、思い出したことは、本当の力になります。

まさにこのとき、松岡は「あっ」と思い出してくれました。バントがファウルになった瞬間に気づいて、「いつもどおりにやろう」と目を覚ましてくれたのです。

次の球は、外角高めの際どいボール。初球の動きを見て、相手バッテリーは様子をみてきたのかもしれません。バントの構えをしていた松岡は、見極めてバットを引きました。ストライクだったら、三塁線へバントをしていたかもしれません。この球を見極めたことで、「次の1球」が生まれます。

そして、1ボール1ストライクからの3球目。二塁走者、一塁走者がスタート。松岡はバントの構えからバスター。叩きつけた打球が人工芝で高くはずみ、前に出てきていた一塁手の頭上をワンバウンドで越えて右翼線へ転がるタイムリー二塁打になりました。

こんな形になるとは、誰も予測していません。ただ、「練習どおり」「いつもどおり」にやった結果であることは間違いありません。

1点返して、なお無死二、三塁。私には早大の選手たちがあわてはじめたように見えました。この場面でどういう守備シフトにするのか。ベンチを見て、野村監督の指示を仰ごうとしているようでした。

次は四番・山下。私は彼には「お前は四番バッターじゃない。四番目のバッターや。アウトになったらいいから」と言っていました。その山下が打とう打とうとして、ボール球を振ってばかり。追い込まれてからワンバウンドになる球を振り、三振。一死二、三塁になりました。

次の打者・冨浦祥吾（現JR九州コーチ）はしぶとい打者。初球、叩きつけるように打った打球が遊ゴロになりました。遊撃手の鳥谷はそれほど前に守っていたわけではありませんでしたが、バックホームを選択しました。しかし、送球が高くなり、セーフ（記録は野選）。これで2対3となり、一死一、三塁と好機が続きました。

鳥谷の送球がよければ、アウトだったと思います。私はこのプレーを三塁コーチャーズボックスから見ていて、「鳥谷は三塁へ投げる、二塁走者がアウトになる」と思いました。そうしていればスコアは2対3ですが、二死一塁でした。早大としては2点差にもかかわらず「もう1点もやりたくない」と思っていたのでしょう。それが裏目に出たわけです。

なお一死一、三塁。ここで早大の内野陣はマウンドに集まり、ベンチの野村監督を見ました。私は「監督にマウンドに来てほしいんだろうな」と思いました。

それに応じて、野村監督がマウンドへ行きました。高校野球であれば、伝令を送る場面でしょう。あくまで私の印象ですが、野村監督は出ていく気はなかったのではないでしょうか。ここで投手交代を告げたのですが、ベンチを出てからその判断をしたように見えました。

マウンドへ送られた投手は、左腕の宮本賢（北海道日本ハム）。当時は1年生でしたが、すばらしい投手でした。

野村監督は、なぜこの場面で彼を起用したのでしょうか？　監督の気持ちになって考えてみてください。

1年生だけど、経験のある投手だから？　コントロールがいいから？　ピンチに強いメンタルの持ち主だから？　流れを止めたかった？

もちろんそれもあるでしょう。私は、逆転の走者である一塁走者の盗塁を防ぐためだと考えています。宮本はけん制がとてもうまい投手でしたので、あわよくばけん制球で刺したかったのでしょう。

そう考えると、このときに一番やってはいけないのは、何でしょう？　そうです。一塁走者がけん制でアウトになることです。

2対3で、一死一、三塁。東亜大はどんな攻めをすると思いますか？

この状況なら、セーフティースクイズをするのがチームの鉄則でした。打席に入った西村禎彦も、一、三塁の走者も、みんなそう考えています。

初球はボール。西村はバントの構えをしましたが、バットを引きました。

そこから一塁へのけん制が2つ続き、2球目もボール。ボール球は、絶対にバントをしない。これは徹底していました。

3球目をバント。三塁走者は転がったのを見てスタートしましたが、三塁線へのファウルになりました。

また一塁へけん制しますが、走者はアウトになりません。

4球目もバントの構えからバットを引き、ボール。5球目がストライクとなりました。これは、西村が1球待ったからです。なぜでしょうか？

日ごろの練習で、こういう場面は「ストライクでも1球待つ。フルカウントにして、ランエンドヒットをすればいい。ボールなら四球で一死満塁になる」という考えかたを徹底していたからです。

練習どおりに1球待ってフルカウントになったので、打者も一、三塁の走者も「ランエンドヒット」のつもりでいました。

ここで一塁走者が気をつけなければならないのは、スタートすることに意識を集中させすぎないこと。そこに意識が集中すると、けん制に引っかかってしまいます。

宮本はここでもけん制をしてきましたが、もちろん一塁走者は戻ります。

6球目。一塁走者がスタート。投球はボール球でしたが、西村が打ち、一塁側スタンドに入るファウルになりました。

そして、7球目。低めの変化球を見送り、ボール。四球で一死満塁となりました。西村はよく見極めた。練習の賜物といえばそうですが、練習でできることも、試合ではできなくなるものです。この場面で見事に集中できていたと思います。

続く七番・日野原宏和（JR東海）はインコースの球につまって、三遊間へのゴロ。遊撃手の鳥谷が捕って二塁へ送りますが、セーフ（記録は野選）。3対3の同点になりました。この場面が、この試合の分岐点だったと思います。

東亜大では内野ゴロで一塁走者が二塁フォースアウトを防ぐ練習を積んでいました。それが幸いしました。私は15年間、東亜大で監督を務めましたが、その間ずっとこういう練習をやり続けていました。フォースアウトにならなかったのは、15年間で3回だけ。ということは5年に1回です。練習でやってもやっても、5年に1回というプレー。だけど、それがこんな大一番で出ると、人生が変わるのです。

ここまでの攻撃で、クリーンヒットは1本もありません。まともな当たりはなかった。外野へ飛んだ打球も、この回の波多野の右前打くらい。こういう攻撃は、守っている相手にとって、嫌なものです。

さて、これで同点になりました。なお一死満塁です。打席に入るのは、主将の宮本。彼はリーグ戦での打率が1割台。満塁で回ると、いつも投ゴロを打つ――。そんなイメージが私の頭にこびりついていました。

彼とは一番長いときで朝3時までマンツーマンで練習していました。どんな練習かというと、マシンの160キロ近い速球を、右方向にファウルを打つ特訓です。東亜大のグラウンドにはナイター施設がなかったので、場所は体育館。時間は夕食が終わってから、毎日約4時間ぐらい。体育館用のウレタンボールが裂けるぐらい、とにかく練習しました。

私は打席に入る宮本に歩み寄り、「得意なヤツをやれ！」と言いました。私が思っていた「得意なヤツ」とは、ファースト側へのセーフティーバントでした。全国の舞台で、私も舞い上がってしまって、朝の3時まで練習したことを忘れてしまっていたのです。「またピッチャーゴロでゲッツーになるんじゃないか」という悪いイメージが頭に浮かんでいました。

初球は空振り。私は宮本にもう一度言いました。

「何しよんや！　得意なヤツ、やれや！」

彼は「あれだけ練習したんだ。右方向へファウルを打とう」と思っている。なのに、私が忘れてしまっていたんです。

2球目は外角のボールになりました。この1球で、私の目が覚めました。

「ああ、そうだった！」。あの練習を思い出して、「よし、ピッチャーゴロでゲッツーでもオッケー！」と腹をくくりました。

3球目。外角低めの球を右方向へファウル。1ボール2ストライクになりました。

そして、4球目。スライダーをとらえると、打球は左翼スタンドへ。なんと、満塁本塁打になったのです。

投手の宮本は決め球のスライダーを投げた。打者の宮本は練習どおり、160キロのストレートのつもりで振っています。そこに120キロ台のスライダーが来て、うまくタイミングが合って、バットを振り抜けた。宮本がそんな打撃をするのは、それまでに見たことがありませんでした。

このホームランの場面。普段は絶対に徹底していることが、できていませんでした。何かというと、三塁と二塁の走者の動きです。

三塁走者はフライが上がったら、タッチアップするためにベースにつかなければなりません。それを見たうえで、二塁走者はベースにつくか、ハーフウェイにするかを判断します。そんな練習はずっとやっていました。それなのに、こんな場面になると、三塁走者はタッチアップを狙うどころか、第2リードを取ったまま、打球の行方を見ていました。

私は三塁コーチャーズボックスから「タッチアップせえ！」と言いました。しかし、三塁走者は「入れ、入れ！」と言っている。二塁走者も「入れ、入れ！」と、第2リードを広げている。練習どおりにできなかったのは反省点ですが、彼らの気持ちがわかる気もしませんか？

この満塁弾が決勝打となり、7対3で勝ちました。

20年以上前の試合ですが、こうして一球一球を紐解いていくと、あらためて「シン・ノーサイン野球」の持ち味が随所で発揮された試合だったのではないかと思います。

②2003年　第34回明治神宮大会決勝　東亜大対神奈川大

「日本一」の難しさを思い知った試合

早大に勝ち、コマを進めた決勝戦。対戦相手の神奈川大（神奈川大学野球連盟）は、全日本大学野球選手権、明治神宮大会で何度も4強入りを果たしている強豪です。エースの荻野忠寛（日立製作所－千葉ロッテ－日立製作所－現JFE東日本コーチ）を軸に、準決勝で東都大学リーグの覇者・青山学院大に4対1で勝って決勝に進出してきました。

神奈川大は当時、春のキャンプで広島県福山市に来ていて、隣の山口県下関市にある東亜大とオープン戦をしていました。この年の春の対戦では、大差で負けていました。

準決勝の試合前には、ほとんどの人が決勝に勝ち上がるのは早大だと予想していたと思います。神奈川大としては、「いい相手が勝ち上がってくれた」と思っていたのではないでしょうか。

しかし、オープン戦はあくまでオープン戦。日本一になるための勉強の材料としてやっているわけです。この試合で勝てばいい。私たちはそう考えていました。

■1回表　神奈川大の攻撃

東亜大の先発は、もちろん竹林。初戦の東北福祉大戦で108球、準決勝の早大戦では117球。ここまでの2試合で先発完投して、計225球を投げていました。

先頭の小島弦太郎（福山市役所）に対して初球から変化球で入り、左翼へのフライで簡単にワンアウトを取りました。

ファーストストライクから振ってくる相手に対しては、打たれるのを怖がらずにストライクゾーン付近に投げて、ドンドン振らせればいい。「速い球を投げよう」なんて、考える必要はありません。最悪なのは、ボール先行のピッチング。ストライクを取りにいった球を狙い打ちされると、苦しくなります。結果として安打を打たれても、長打さえ打たれなければオッケーです。打たせた打球をバックがしっかり守れば、負けないチームになっていきます。

二番の多田広大（NTT信越）の打球は、中堅前へのフライになりました。風が強く吹いていて、中堅手の冨浦の前に落ちた。打者走者は二塁へ向かいますが、アウトにしました。中堅手の前に落ちたボールを二塁手の宮本が拾って、二塁へ投げた。アウトにしたのは、誰だと思いますか？ 二塁ベースカバーに入った投手の竹林です。これこそがカバーリングです。このプレーの練習は、したことはありませんでした。しかし、いつもこれに近い練習をしているから、応用できたのです。三番の北村幸亮（三菱ふそう川崎）も中飛で、スリーアウトになりました。

竹林はこのあと、6回までは2失点に抑えます。東亜大の打線は神奈川大の先発・岩崎誠一郎（三菱重工広島）と、3回途中から救援した荻野に対して、6回までに8点を奪いました。ソツなく攻めて、リードを広げていった。相手は「どこで何をしてくるか、わからない」という感じだったと思います。8対2とリードして、終盤を迎えました。

しかし、7回以降にもつれてしまいます。東亜大の選手たちは、もう「日本一」しか考えてなかった。油断したわけではないのですが、神奈川大には抜群の粘りがありました。

■7回表　神奈川大の攻撃

7回になって、制球のよい竹林が先頭の斎藤裕秀にこの試合で初めての四球を与えます。さらに次打者の大森和貴に右翼線へ二塁打を打たれ、無死二、三塁になりました。

ここで神奈川大は代打の切り札・渡辺吏を打席に送ってきました。渡辺の打球は、二塁左へのゴロ。宮本がさばいて一塁へ送球。アウトを1つ取りましたが、三塁走者が生還して8対3になりました。

このとき、二塁走者は動けませんでした。なぜだと思いますか？

竹林が打球に反応していたので、「ピッチャーに捕られる」と思って、スタートが切れなかったのでしょう。こういうことがあるから、投手はゴロに反応しなければならないのです。

一死三塁と一死二塁では、大違いです。三塁走者は突っ込んでいるから、神奈川大の中田光一監督（故人）としては、二塁走者も三塁へ進んでほしかったでしょう。二塁走者のミスと判断したからか、次の1点を取るためかはわかりませんが、この二塁走者に代走が送られました。

続く一番の小島の一ゴロで、二死三塁。二番の多田が中前へ適時打を打ち、8対4と追い上げられました。さらに三番の北村にも中前打を打たれ、二死一、二塁。四番の田口慎一郎（かずさマジック）に四球を出して、二死満塁となりました。

ここで、私はマウンドへ行きました。ベンチから出る気はまったくなかったのですが、行く必要に迫られました。というのは、ここで4年生の投手がブルペンへ走って行ったからです。私が指示をしたわけではなく、その投手が自分で判断した。4年生の投手がブルペンに走るのが見えたはずの竹林は、判断したのが投手本人だとは知りません。「監督が指示したんだな。代えられるのかな」と思うでしょう。だから、私は竹林に「絶対に代えないから。頼むぞ」と言いに行ったのです。4年生の投手はベンチに戻しました。

竹林は、続く五番の藤田一誠を1ボールから投ゴロに仕留め、ピンチを切り抜けました。

竹林は制球に苦しんでいました。

ここで、相手投手が苦しんでいるときにどういう打撃をするべきか、考えてみてください。

竹林は滅多に四球を出さないのに、この回だけで2つの四球。やはり決勝戦で「勝ちたい」という気持ちから、余計なことを考え出したのでしょう。

そんな状況で1ボールから打ってくれて、助かりました。もし打球が投手の横を抜けていれば中前打で、8対6になっていたかもしれません。でも、抜けなかった。攻撃側として、これを「惜しかった」で済ませるかどうか。もし、もう1球待っていたら、どうなっていたでしょうか？　1ボール1ストライクになって、竹林はまだ苦しんでいたでしょう。

チャンスで打席に入った打者の「打ちたい」という気持ちは、よくわかります。でも、**相手が苦しんでいるときは、自分のことではなく、相手がどんな心理にあるかを考えるべき**です。自分の世界に入ってしまうと、相手が見えなくなります。

□7回裏　東亜大の攻撃

一死二塁から、九番の竹林が打席に入りました。カウントは3ボール1ストライク。こういうときは、「1球待て」というのがチームの約束ごとでした。

しかし、竹林は打ってしまった。日本一がかかった試合の終盤になったら、日ごろの練習どころではなくなってしまうのです。

結果は右前打になったのですが、「結果オーライ」でしかない。二塁走者は「1球待つ」と思っているので、スタートが遅れた。そのため一死一、三塁になりました。

次打者の一番・中東は、東亜大で一番いい打者です。足が速い左打者で、内野ゴロでも併殺にはならない。ただ、この場面でのチームの鉄則は、セーフティースクイズでした。

しかし、中東は迷っているのか、三塁コーチャーズボックスにいる私のほうをチラチラと気にしていました。この点が、シン・ノーサイン野球の弱点。選手が何をやればいいか、迷うときがあります。

一塁走者は投手の竹林。中東は「もしフルカウントになったら、竹林は走るのか？」など、いろいろ考えていたと思います。

初球は、わざとファウルを打ちにいきました。「まずは1球、ファウルにしよう」と考えたわけです。結果的にタイミングが合わず、キャッチャーミットをかすめるようなファウルになりましたが、逆方向（三塁側）のファウルを狙っていたと思います。

中東は、2球目の前もずっと私のほうを見ていました。選手が迷っているときに、どうすればいいか？　落ち着かせて、整理させてやるのが監督の仕事なのですが、当時の私にはまだ対処のしかたがありませんでした。ただ「中東、頼む！」と、見守っていました。

そして、2球目。中東はセーフティースクイズをします。打球は投前に転がりましたが、バックホームの送球が逸れて、1点が入りました。これで9対4。結果的にこの追加点が大きな意味を持つことになります。

■8回表　神奈川大の攻撃

先頭の六番・後藤喜多郎（現神奈川大マネジメントコーチ）が左中間フェンス直撃の二塁打。続く斎藤裕秀に左翼左への適時打を打たれ、9対5と追い上げられます。

続く八番の浦瀬彰太（福山市役所）の打球は一ゴロでしたが、一塁手の波多野がジャッグル。無死一、二塁のピンチを迎えました。

この大会でチーム初の失策が、こんな場面で出てしまいました。滅多にミスすることがない波多野の失策は、痛かった。一つでもアウトを取っていればよかったのですが、結果的にこのプレーで大きく流れが変わることになります。

連打のあとの、失策。しかし、投手はバックを信じて投げるしかありません。安打を打たれても、味方がエラーをしても、辛抱して投げるしかありません。

次打者の代打・槙原昌弘（デュプロ）を二ゴロに打ち取り、二塁でフォースアウト。なお一死一、三塁から一番の小島を二飛に打ち取り、二死一、三塁としました。

二番・多田の初球。打者が空振りしたあと、捕手の中東が一塁へけん制球を投げました。

このとき、竹林は瞬時に三塁走者を見ました。彼は、なぜそうしたのでしょうか？　もしもこの送球間を狙って三塁走者が本塁へスタートを切ったら、「走った！」と一塁の波多野へ指示するためです。波多野は一塁走者にタッチをしにいく。その瞬間は三塁走者が見えないので、スタートしても気づくことができません。だから竹林が波多野の「目」になったわけです。これぞチームプレーです。

投手には140キロを超える球が投げられなくても、こういうことができるようになってほしい。それができれば、自ずと投球も変わってきます。

■9回表　神奈川大の攻撃

この打者に死球を与え、二死満塁となりました。そして、三番・北村に甘く入った初球を打たれ、右中間を破る3点適時三塁打。9対8と、ついに1点差まで詰め寄られてしまいました。

私はベンチでじっと座っていましたが、心のなかは平静であるはずがありません。そんなとき、ふと思ったのです。

「川上哲治さんって、こんなときにどんなことを考えてたんかな？」

なお二死三塁の同点のピンチで、打者は四番・田口。カウント2ボール2ストライクから空振り三振に仕留めて、なんとか1点リードを保って8回を終えました。

もし、あなたのチームが高校野球の夏の地方大会の決勝で、8回を終えて1点差で勝っているとしましょう。球場は、大観衆です。あとアウト3つで、優勝が決まる。甲子園に出場できる。

そんな状況で、いつもどおりの精神状態でやれますか？　大会の序盤の試合でさえ「あと1イニングを抑えれば勝ちだ！」と思うと、頭にいろんなものが思い浮かぶと思います。まして優勝がかかったイニングなら、ゲームセットの瞬間にマウンドに集まるシーンを思い描くでしょう。まだ試合は終わっていないにもかかわらず……。人というのは、そういうものです。

「甲子園、甲子園」と言っても、そこを乗り越えないと甲子園はありません。言葉で言えば簡単ですが、これが実に大変なのです。

9回もマウンドには竹林。先頭の五番・藤田はフルカウントから右飛に打ち取りました。

もし東亜大の打者なら、フルカウントからファウルを打って、粘ります。2球くらい粘っているうちに、投げ損じがある。それを待って、四球で出る。四球での出塁が、最も相手にダメージを与えます。

打ってくれて、助かりました。しかし、このとき、右翼手・山下と中堅手・冨浦がぶつかりそうになった。危ないプレーでした。目の前に優勝が近づくと、普段は起きないプレーが起きるものなのです。

これで一死になりました。六番・後藤の打球は、左翼前への飛球。打った瞬間、「よし、ツーアウトだ」と思いました。

しかし、遊撃手の日野原が深追いした。左翼手の西村は打球ではなく、遊撃手の日野原の動きを見てしまった。どちらも捕れず、打球は左翼の前に落ちた。その間に打者走者は二塁まで進んでしまいました。

普段の練習では、「外野手はフライを捕りにいけ。逃したら、長打になるぞ」と口酸っぱく言っています。それを選手たちも十分わかっています。それなのに、またしても普段なら起きないプレーが起きてしまい、今度はアウトにできなかった。同点の走者が二塁にいるというピンチを招きました。

続く七番・斎藤裕秀の打球は、左翼手の西村の右をわずかに抜ける適時二塁打になり、9対9の同点に追いつかれてしまいました。

普段の西村なら、捕っている打球だと思います。そのまま二塁へ送球し、併殺でゲームセットだったかもしれません。

しかし、西村はその直前のプレーで「やってしまった」と動揺しているため、足が思うように動かなかったのでしょう。だから、ほんのわずかだけ届かなかった。こんな状況では、やはりファインプレーなどできるものではないということです。

追加点は阻み、同点のまま9回裏の攻撃を迎えることになりました。ベンチに帰ってきた西村の顔面が真っ青だったのが、今でも忘れられません。

□9回裏　東亜大の攻撃

先頭の八番・宮本は遊飛。九番・竹林は三振に倒れます。

このときの竹林の心境は、どうだったでしょうか？

4日間で3試合目の先発。序盤に大量リードして「勝てる」と思っていたら、9回表に同点に追いつかれた。その裏の攻撃で、一死から打席に入ったわけです。おそらく、疲れ切っているなかで、もう延長戦のマウンドのことを考えていたと思います。塁に出るより、体力を温存したかったのではないでしょうか。

二死走者無し。「一番の中東が出塁すれば、盗塁して……」と期待したいところですが、流れはもう完全に神奈川大に傾いていました。私は「延長になったら、日本一を逃すだろうな。やっぱり日本一になるのは難しいな」と、三塁コーチャーズボックスで思っていました。

中東は、1ボール1ストライクからキャッチャーフライを打ち上げてしまいます。私は、「ああ、延長か……」と、3歩ほどベンチへ戻りかけました。

しかし、捕手がバッターボックスにいる中東との接触を避けようとして、落球した。中東は何事もなかったように、打席に入り直しました。

次の1球。中東はファウルを打ちました。私は「コイツはすごい。いつもどおりやってるんやな」と気づきました。そこで、ハッと目が覚めました。「あ、これはわからないな」。

5球目。中東の打球は中堅手の前への飛球になりました。これを中堅手が落球。その間に中東は二塁へ到達していました。もしも打ち上げて「ああ、延長か……」と思って走っていたら、二死一塁だったでしょう。ことという場面で、手を抜かずに全力疾走していたから、サヨナラのチャンスが生まれたのです。

次打者の二番・波多野は、8回に流れを相手に渡してしまう失策をした選手です。実は、私はこの試合のここまでに波多野が3安打くらい打っていると勘違いしていました。だから「よし、サヨナラや!」と期待しました。ところが、実は5打席とも凡退していたことに、あとから気づきました。私もそれくらい普段とは違う状態だったのです。

波多野が2球目をとらえると、打球は前進守備をしていた中堅手の頭上を越えるサヨナラタイムリー。10対9でサヨナラ勝ちして、2回目の優勝を決めました。

私は三塁を回った中東を追いかけるように、三塁コーチャーズボックスからバンザイしながら走り出して、ホームベース付近にできた歓喜の輪に加わりました。

いくら「試合を想定して練習する」といっても、こんな試合を想定できるわけがありません。ただ、「日本一になるんだ」という意識づけはできます。そういう一日一日の積み重ねが、土壇場で力になってくるのだと思います。

③2019年　第91回選抜高等学校野球大会1回戦　徳島県立富岡西高対東邦高（愛知）

シン・ノーサイン野球で強豪を追い込んだ試合

私が富岡西高の指導にかかわったのは、2018年の8月からです。小川浩監督（当時）とのご縁で、最初に10日間の指導をしました。

当初は「大丈夫かな？」と心配になるレベルでした。しかし、彼らは前の日にやったことを次の日にしっかり覚えているので、一つひとつ積み重ねができていきました。10日後には「ひょっとしたら？」と感じるレベルにまでなっていました。

その後の約半年の間は、東亜大が2001年に大学選手権で8強入りしたときのエースで、NK、JFE西日本でプレーした小森俊幸、高川学園高出身の川﨑喜公、鹿児島大の奥将臣（現米子松蔭高コーチ）といった教え子たちが私の代わりにコーチを務めて、「シン・ノーサイン野球」を浸透させてくれました。そして、私が2019年2月に阿南市へ移住してからは、週4回ほどのペースで指導しました。

チームは秋の徳島大会で3位に入り、四国大会へ出場してベスト4入り。21世紀枠で選抜初出場を果たしました。もちろん、これは私の力ではなく、小川監督が育てた選手たちの力です。

初戦の相手となった東邦高は、石川昂弥（現中日内野手）が投打の中心で、優勝候補の一角でした。

しかし、私は対戦が決まったときに「勝ちます」と言い切りました。初戦であること。東邦高としては次を見すえた戦いになること。この二点が、スキにつながると考えたからです。接戦にすれば、なんとかなる。そう考えました。

結果を先に書いてしまうと、勝利には手が届きませんでした。それでも、選手たちは随所で相手を追い込む「シン・ノーサイン野球」を見せてくれたのです。

私は、この試合を甲子園のアルプススタンドから見ていました。

では、試合開始から振り返ります。

□1回表　富岡西高の攻撃

一番打者の坂本賢哉（和歌山大）は、フルカウントから見逃し三振。バットを一度も振りませんでした。

私が見たところでは、初球と3球目は死球になっていてもおかしくない球でした。

もし、プレーボール直後の初球が死球だったら、石川投手はどうなっていたと思いますか？　おそらく、そこから崩れていたのではないでしょうか。

どうしたらピッチャーを崩せるのか？「デッドボールでもいいから出塁しよう」という気構えでいけば、野球は変わってきます（「当たりにいけ！」と言っているわけではありません）。

結果的には、球数は投げさせせましたが、見逃しの三振。フルカウントからの際どいボールを「ボールだ」と思って、見逃したのでしょう。

坂本は徳島大会、四国大会では高打率を残していました。しかし、それはあくまでも地方大会でのこと。甲子園では同じようにはいきません。ましてや相手の石川は、上背があって、手元でボールが伸びるタイプ。今までやってきたことが、同じように通用する相手ではありません。

では、どうやったら崩せるのか？　際どいボールを見逃さないで、ファウルにする。練習で、そういう技術を磨くことが大事です。

二番の前川広樹（松山大）は、低めの変化球を打って、三ゴロに倒れました。彼はバットを一握り短く持っていました。「バットを短く持ってシャープに振る。ジャストミートしなさい」というのが私の考えです。結果は三ゴロでしたが、なんとか投手を崩そうとする姿勢がうかがえる打席でした。

続く三番の浮橋幸太（現慶應義塾大投手）が、右前打で出塁します。初回の二死から出塁した、初めての走者。アウトカウントにかかわらず、走者が出たときが大事です。走者が出ないことには、作戦が立てられません。

この二死一塁は大事な場面でしたが、続く四番の吉田啓剛（高知工科大）は外角のボール球を空振り三振。ただ、これはきわどい球だったので、振るべきだったと思います。

■1回裏　東邦高の攻撃

一番打者は中飛に打ち取りましたが、二番打者を四球で歩かせました。三番の石川が打席に入ります。

富岡西のエース・浮橋は、走者がいないときは、ノーワインドアップから投げます。ここで走者が出て、セットポジションに変わりました。

最近は走者がいなくてもセットポジションから投げるピッチャーが増えましたが、ノーワインドアップもしくはワインドアップから投げるピッチャーは、走者が出ると、投げかたが変わります。そこに何かスキが生じることもあります。

浮橋は、間合いの取りかたがうまい投手です。打者と走者を相手にしながら、じらしたり、考えを読ませないようにしたりしています。

力のないチームが勝つには、投手の駆け引きと、けん制球が大事です。浮橋はその半年前まではけん制が苦手でしたが、小森の指導でうまくなりました。けん制は練習を重ねれば、ほとんどの投手がうまくなります。

この場面で、浮橋がけん制で一塁走者を刺しました。浮橋がけん制したとき、二塁手の木村頼知はどこにいるでしょうか？

一塁のバックアップではなく、一塁走者の走路に入っています。もしランダウンプレーになったら、一塁手はこの二塁手に送球。すぐにタッチして、アウトにする。この練習を重ねていました。

□3回表　富岡西高の攻撃

九番・栗田翔瑛（和歌山大）が左打席に入りました。

実は、彼はもともと右打者です。なんとか石川を攻略しようとしたのです。

栗田は毎朝6時半からティー打撃をして、一日に1000球から1500球も打っていました。バランスをよくするためもあって右打席と左打席を半々で練習していたのですが、試合で左打席に入ったことはありません。それが、まさか甲子園で左打席に入るとは……。こういう自由な発想が生まれるのが、「シン・ノーサイン野球」の長所の一つです。

ツーストライクに追い込まれたあと、本来の右打席に入り、ファウルで6球も粘って、石川に12球を投げさせました。

力のないチームにとっては、これが大事です。粘って、粘って、相手投手に球数を投げさせる野球。反対の声もあると思いますが、私は大事にしています。力のないチームでも、こういう粘る選手が打線に3人いたら、力のあるチームと十分に戦えます。

■3回裏　東邦高の攻撃

無死一塁から、一番打者が二塁手の前へゴロを打ちました。このとき、二塁手の木村は二塁で一つアウトを取りに行くことを選択しました。

こういう安全策も大事ですが、力のあるチームと戦うときは、思い切ったプレーで勝負しないと勝てません。私が二塁手なら、走ってくる一塁走者にタッチしてから一塁へ投げ、併殺を狙うところです。

「安全策で一つアウトが取れたから、よしとするか……」と考えてもいい場面ですが、私は「足の速い走者が一塁に残った。それがつまらない方向にいかなければいいけど……」と思いながら見ていました。

残念ながら、その懸念どおりになってしまいます。

二番打者の打席。浮橋のけん制がボークを取られて、一死二塁になりました。「けん制でアウト」なら、二死走者なし。ボークとは大きな差です。

ここで、二番打者が三塁前へ絶妙なセーフティーバント。三塁手の守備が深く、ピッチャーが処理して内野安打に。一死一、三塁となります。

続く石川がセンターへ深々と犠牲フライを打ちあげて、先制点を奪われました。

これはけっして結果論ではありません。「足の速い走者を残すと、こうなる」ということです。

□6回表　富岡西高の攻撃

0対1で迎えたこの回。先頭打者の浮橋は、初球で大きな空振りをしました。あえて大振りをしています。試合は均衡している。当たれば長打。当たらなくてもいい。そういう空振りです。石川は、この時点で約110球も投げています。富岡西の打線が投げさせているのです。浮橋は見逃し三振に倒れますが、続く四番の吉田が死球で出塁しました。

ここで、石川はタイムをかけています。この場面での彼の心理を考えてみましょう。マウンドで地面にグラブをおいて、スパイクのひもをいじっていました。死球でボールデッドなのに、タイムをかけた。しかも、マウンド上でこんな仕草をしている。落ち着いていない。心中穏やかではない。石川の心理状態が、行動に表れています。ここが狙い目です。

一死一塁から、五番の安藤稜平（愛媛大）が1ボール1ストライクからの3球目にヒットエンドランを決めます。右前打で、一死一、三塁とチャンスを広げました。もちろん、選手たちの判断。シン・ノーサイン野球の真髄です。

ここは、セーフティースクイズを選択する場面です。このチームは、日ごろからそれをやっています。ノーサインなのですが、暗黙の了解、決まりごとがあるのです。

一塁走者の安藤と三塁走者の吉田は、セーフティースクイズだと思っています。しかし、左打席に入った山崎光希（京都産業大）には、その気配がありません。

そこで、「打者がやらないなら」ということで、走者が別の作戦を考え、動きました。1ボール1ストライクから、一塁走者の安藤がスタート。安藤は「自分が走れば、打者は打つ」と考えたはずです。

ところが、打者が振らなかった。そこでいったん安藤は止まりましたが、結果として生きて、一死二、三塁のチャンスになりました。

ラッキーです。こうなると、同点ではダメ。一気に逆転しないといけない場面です。

ここで、私がしてほしかったのは、どんな攻撃だと思いますか？

答えは、2ランスクイズです。しかし、結果は打って、遊ゴロ。監督がサインを出さない野球の弱点はここにあります。しかも、外角のストレートを当てにいって、打球が遊撃手の正面に飛びました。遊撃手の熊田任洋（早稲田大―現トヨタ自動車内野手）が見事にさばき、三塁走者の吉田が本塁でタッチアウトになりました。

打つのであれば、ボテボテのゴロを打つべきでした。外角の球をバットの先でひっかける。日ごろから工夫して、ボテボテのゴロを打つ練習をしておく必要があります。

これで二死一、三塁となり、七番の木村が打席へ入りました。

このとき、捕手が一塁へけん制球を投げました。何とか石川を助けてやろうとしています。

こういうときに、三塁走者にしてほしいことがあります。何でしょうか？

けん制の間に、ホームを狙うのです。捕手の心理を考えると、一塁走者をアウトにすることに意識が集中しているはず。三塁走者を見る余裕はないでしょう。そのスキを突くのです。これも練習でやっているプレーだったのですが、残念ながら、甲子園の本番では発揮できませんでした。

その後、木村が右翼線へ適時二塁打を打って同点になりました。バットを短く持って、石川の外角球を右へおっつけて打つ、しぶとい打撃でした。ただ、ここで適時打が出たのは、結果論でしかありません。

その後に二死満塁としましたが、九番の粟田の打球は二直。同点どまりでした。

力のあるチームに対しては、一気に攻めるべきです。試合は点が入ると動きます。ひっくり返されると、相手は焦ります。しかしながら、同点のうちは目が覚めるだけ。そこから息を吹き返し、本来の力を出し始めます。

逆に、富岡西としては「ひょっとしたら……」という気持ちが、ミスを生むことになります。

■7回裏　東邦高の攻撃

先頭の八番打者が振り逃げで出塁。痛いミスです。送りバントで一死二塁となったあと、一番打者に左翼へ適時打を打たれて、1対2と勝ち越されました。

その後、浮橋の暴投で二死二塁。1イニングに2つのミスが出た。ここで石川に中前へ適時打を打たれて、追加点を許してしまいました。

この1点を防ぐべきところなのに、外野手の守備位置が深かった。石川の打球は、定位置なら二塁走者を本塁でアウトにできたはずです。そういう大事なところが、突き詰められていませんでした。私の指導不足を痛感しました。

結局、この試合には1対3で敗れました。

21世紀枠で初出場した学校が、優勝した東邦に善戦した。試合をご覧になった方からはそう評価していただきます。選手たちは、相手が嫌がるプレーをして粘る場面をつくりました。

一方で、私としては反省点の多い試合でもありました。

この一戦からはあらためて、日ごろの積み重ねの重要性を痛感します。自分の野球観で目の前のプレーを観察して行動するには、日々繰り返し、試合を想定した準備、突き詰めた準備が必要です。それがチームの共通理解として広がり、定着して、小よく大を制することが可能になるのです。

教え子の証言2

まずは相手が嫌がることをするところから

宮本龍　東亜大2003年主将（現東亜大監督）

中野泰造先生の野球は「ノーサイン野球」と呼ばれていますが、サインはなくても、決まりがありました。決まりといっても、ルールやパターンがあるわけではない。マニュアル化もされていません。あるのは「この状況では、こうする」というチームの共通理解です。

中野先生の野球を身につけるために、ひたすら紅白戦をやりました。試合中に起こったプレーについて、中野先生が「なぜ、そうしたんや？」と問う。それに対して、学生が答える。答えや考えかたが間違っていた場合は、叱られます。1年生の頃からそうやって一つひとつ積み重ねて、野球観やゲーム力を高めていきました。

中野先生の野球では、選手同士がお互いの考えを知り、コミュニケーションをとることが不可欠です。それには寮生活が大きな役割を果たしていました。同級生で固まるのではなく、上級生と下級生がいっしょに食事をしたり、話したりする。そのなかで、先輩から考えかたを教わる。チームにはそういう文化がありました。

私たちの学年は4人しかおらず、試合にいつも出ている4年生は二塁手の私と捕手の中東直己くらい。後輩が多く試合に出るチームでした。そこで、チームの運営を4年生主体から、下級生主体に切り替えました。ミーティングでは後輩に話をしてもらうなど、後輩たちが気持ちよく野球ができる環境と雰囲気をつくった。それが結果につながっていったのだと思います。

2003年の春は大学選手権に出場して、8強入り。大会後のある日、私は中野先生に呼ばれました。中野先生は新聞を手にしておられた。載っていたのは、大学選手権で初優勝した日本文理大の主将が優勝旗をスタンドに向けて掲げている写真。中野先生はそれを私に見せて、一言「宮本、これじゃ」とおっしゃいました。

夏の間、中野先生には毎日、つきっきりでティーを上げていただきました。5球連続打ちのティー打撃を、5時間以上も続ける。しかも無言で。それが2003年秋の明治神宮大会準決勝の早大戦での満塁本塁打という形になったのだと思います。実は、あれが大学で初めて打ったホームランでした。続く決勝戦で神奈川大に勝ち、1994年以来2回目の優勝。閉会式で、私は優勝旗をスタンドの仲間に向けて掲げ、「これ」を実現しました。

私は現在、東亜大の監督を務めていますが、指導者として中野先生の影響を大きく受けています。まず、どこから教えればいいのか？　そう問われたら、私は「まずは相手が嫌がることをするところから」と答えます。たとえば紅白戦をしているときに、打者は投手に「こういうとき、何をされるのが嫌？」と訊く。そうやって、相手のことを考えるのがスタート。そこから一歩ずつ進んでいくしかありません。

それと、もう一つ、忘れてはならないことがあります。ノーサイン野球を求める方々は攻撃ばかりに目がいきがちですが、実は守りが大事。しっかり守れないと、いくら点が取れるようになっても勝てません。極論ではありますが、「中野先生の野球＝守りの野球」。堅い守りがあってこそ、この野球は成り立つのです。

中野泰造式「シン・ノーサイン野球」体験者の声

選手を能動的にしたくて取り組んだ。野球観が変わり人生も変わった（指導者）

中野先生と出会うまでは、技術ばかり求めていた。野球の、いや人生の本質を学びました（指導者）

フリー打撃、シートノックをいくらやっても強豪校との差は埋まらない。中野先生の教えで、野球のゲーム性を突き詰めた練習をするようになって、結果が出るようになった（指導者）

人としての感性を研ぎ澄ませば、勝利が近づく（指導者）

ボールから目を離すな。その一言から野球が変わっていった（選手）

たくさん失敗して、たくさん学んだ。失敗の数だけ成長した（選手）

中野先生の指導を受けて、選手たちの目の色が変わった（指導者）

シン・ノーサイン野球で対応力が磨かれた。自分で考えて行動する習慣は今の人生に生きている（選手）

チームが勝つために、自分は何をすればいいか。それだけを毎日考えたら、自然にチームが一つになった（選手）

自分のことではなく、相手のことを考える。そのために必要な観察力、洞察力が身についた（選手）

中野先生の野球は、ノーサイン野球というより、サインを出す必要がない野球（選手）

中野先生は自分たちを勝たせようと必死だった。1週間の指導で新たに発見したことを生かして、強豪私学に勝ちたい（選手）

チームの勝利のためにプレーするとはどういうことか。野球に対する考えかたが根本から変わった（選手）

今までは見ているようで、何も見えていなかった。中野先生の指導のおかげで視野が広がり、感度が高まった（選手）

中野先生の『集合』のおかげで、野球の本当の面白さがわかりはじめた（選手）

もともとは「自分が試合に出られたら、それでいい」という自己中心的な考えだった。中野先生との出会いで野球観が変わり、「チームのために」と思い始めた（選手）

中野先生の教えで、勝つために1球を追求した。相手の投手の表情、捕手のジェスチャー、ベンチからの一言など、すべてに意図がある。それがわかれば、自分たちがやろうとしていることが成功する（選手）

中野先生は「失敗してもいいから、チャレンジせえ」とおっしゃった。やってみる前とやってみたあとで考えかたが変わり、一気に成長した（選手）

ある試合で盗塁を決めたら、「なんで走ったんや？」と言われた。次の試合で決めた盗塁は「よく走った！」と褒められた。その違いについて考え抜いて、答えがわかったとき、今まで見えていなかったものが見えるようになった（選手）

相手を見てプレーするのは当たり前だと考えていたが、その奥の深さを思い知った（選手）

中野先生の野球は、勝てる野球。非エリート集団の私たちが中野先生の感性を肌で感じながら吸収して、日本一になれた（東亜大V1メンバー）

第6章

シン・ノーサイン野球の探究

監督一人の力には限界がある

監督は、ミーティングで選手の話や意見、アイデアを聞くことがあると思います。その際、話し合った末に強烈なトップダウンで「これが結論だ」「これをやれ」と命令していませんか？

もしそうするのであれば、話し合う必要はありません。

監督一人の考えでは、進む道がどんどん狭くなっていく。選択肢が少なくなっていきます。**ベンチに選手が20人いるなら、彼らの考えを聞いて取り入れれば、21人分の「脳」で相手に向かっていくことができます。**おそらく、相手チームは監督一人の脳で選手をコントロールしようとしています。21対1の戦いです。

誰かに意見を聞いたら、よほど脱線していない限り採用して、まずやってみる。それでダメなら、また次に改革すればよいのです。

選手に対して「思うことを遠慮なく言ってみろ」と言っておいて、聞くだけ。そのアイデアを採用しなかった。そういう経験はありませんか？　それでは意見なんて出てくるはずがありません。自分だって、同じことをされたら何も言わなくなるのではないですか？

もちろん意見や考えを求めたときに、自分の考えとはまったく違うことが返ってくる場合もあります。だからといって、頭ごなしに否定すると、次の意見は二度と出てきません。

もしかしたら、自分には思いつかなかった、いい意見が出てくるかもしれません。「わかった。

じゃあ、やってみよう」と意見を取り入れる。やってみて、よかったら、「やってよかった」となる。ダメならダメで、また意見を聞く。その繰り返しが、チームを活性化して、成果を生みます。

その一例として、東亜大のホームスチールをご紹介します。

選手のアイデアが生んだホームスチール

2001年の春。東亜大は中国地区大学野球連盟のリーグ戦で優勝して、全日本大学選手権に2年ぶり3回目の出場を果たしました。

全国大会は、チームが成長できる機会です。言ってみれば、下関から東京への修学旅行。途中でいろいろなところに滞在して、課題を一つ持って練習しながら、東京へ向かっていきました。

普段から選手に意見を聞き、採用していると、自分なりにアイデアを出して、それを言う選手が何人も出てきます。

この2001年の大学選手権では、テーマは「ホームスチールをしよう」でした。

奈良県桜井市の多目的グラウンドで練習をしているとき、「どういうホームスチールがあるのか?」「どういうホームスチールなら成功するのか?」と選手たちが活発に意見を出し合い、いろいろ試しました。

ある選手が「キャッチャーがミットを外したときはチャンスじゃないですか?」と言いました。

私はそんなことを考えたこともありませんでしたが、その言葉をきっかけに、選手たちが盛り上がりました。

「キャッチャーマスクをつけるときに、ミットを股に挟むことがあるよな」

「そういうやつ、おるよな！」

「そのときに三塁ランナーが走ってきたら、あわてて、ミットに手を入れられんよね？」

「そしたら、ピッチャーはどうするかな？」

「じゃあ、やってみよう」

そんな流れで、いろいろなケースを想定して6、7人がやってみました。

「最後にあと一人だけやっておこうか」ということで、山下翔（当時1年生）がやりました。2年後の2003年、明治神宮大会で優勝したチームで右翼を守る選手です。

彼がまったく違うタイミングで走ってくるので、私は「ちゃんとせぇよ。お前がその三塁ランナーになることがあるぞ」と言いました。

大会が始まり、迎えた2回戦の創価大戦。2対2の同点で迎えた試合終盤、8回にそのホームスチールをする場面がやってきます。

なんと、その三塁走者は山下でした。

そのとき、ベンチにいた私は、三塁ベースコーチの佐藤治郎と目が合いました。

捕手がマスクをつけるときにタイムがかかったら、スタートは切れません。ベンチでドキドキしながら見ていました。

その後、打者が四球で出塁。すると、捕手がマスクを外した。そして、そのマスクをつけようとして、ミットを外しました。

よし、このタイミングや！　私がそう思った瞬間、三塁ベースコーチの佐藤が「いけ！」。同時に山下がスタートを切りました。

創価大の選手はあわてたと思います。捕手は、マスクもミットも地面に落とした。投手が投げたボールはバックネットへ。山下はホームインしました。

ただ、このプレーにはおまけもついていました。四球を選んだ打者走者が一塁ベース上で大喜び。ベンチから一斉に「二塁まで行かんか！」という声が飛んだのでした。

これが決勝点となり、3対2で創価大に勝利。初のベスト8進出を決めました。

試合後、神宮球場の外に出ると、創価大の岸雅司監督（当時）が私のところへ来て、握手を求めてくださいました。

「脱帽です。ありがとうございました」。岸監督は、そう言って、帰られました。

山下はこのプレーで大会の敢闘賞を受賞。「勇気を持ったプレーで決勝点を挙げ、初の準々決勝進出に貢献した」と評価していただきました。

見て、聞いて、感じて、考えてプレーする

世の中には、目に見える力よりも、目に見えない力のほうが大きいことがたくさんあります。野球の世界でも、同じことが言えます。

観察、分析、判断、決断。情報やデータの収集と活用。思考と準備。シン・ノーサイン野球で必要な力には形がなく、相手からは見えません。**見て、聞いて、感じて、考えて、次に起こることを予測して戦う。**そういうチームのほうが絶対に強い。それらの目に見えない力の前には、打力や球速、技術などの目に見える力など吹き飛んでしまう。私はそう考えています。

野球というスポーツは目に見える戦力に4対6、3対7、どうかすると2対8の差があっても、ゲームの性質を理解し、目に見えない力を使って戦略や戦術を練れば、十分に戦えます。やりかた次第で弱者が強者を倒せる。そこに野球の醍醐味があります。

監督の仕事は、チームに目に見えない力を植えつけることです。目に見える能力だけでは勝てないということを強く認識させ、いかに目に見えない力が重要であるかを気づかせる。まずはそれが大事です。

しかし、最近ではこのような野球の特性を理解している指導者や選手が少なくなっているように感じます。野球が粗っぽくなっている。キメの細かさというか、綿密さがなくなっています。

「大胆かつ細心」が野球の面白さであるのに、大胆ばかりになっています。投手は力いっぱい投げ、

打者はフルスイングをする。そこにも面白さはあるかもしれませんが、それだけで勝負が決まるなら、野球は単に「打ち損じ」と「投げ損じ」の対決になってしまいます。そうではない、と私は思うのです。

野球のプレーには「間」があります。一球一球、考える時間がある。野球は「考えるスポーツ」なのです。「間」をうまく活用して、確率の高いほうを選択する。今、この状況で相手の打者やバッテリーがどのような心理状態にあるのか？　敵味方のさまざまな心理が絡み合う。その読み合いです。

相手の心理がある程度わかっていれば、攻略できる確率が高くなります。だからこそ研究が必要であり、野球に対する知恵や知識をどんどん膨らませて、創意工夫することが求められます。

そうやって野球の奥深さがわかってくると、教科書や参考書にはないプレーが生み出されてきます。それがシン・ノーサイン野球の魅力です。

ここで、今まで私が出合ったすばらしいプレーについていくつか紹介します。いずれも選手たちが見て、聞いて、感じて、考えて、次に起こることを予測した結果、生まれたものです。

①2004年　第35回明治神宮野球大会2回戦　東亜大対中央大

シン・ノーサイン野球の真髄を見たプレー

これは、私にとって生涯忘れることができないプレーです。個の力では、圧倒的に中央大が上でした。見ている人は、絶対に中央大が勝つと思っていたでしょう。

その下馬評に反して、3回表に東亜大が波多野俊輔の2ランで2点を先制します。しかし、3回裏に二死三塁のピンチを招いてしまいました。このとき、捕手の福浦秀之（中筋組。現在の姓は長岡）は「2対1にはしたくない」と考えたそうです。1ボールからの2球目。外角のボールを捕ると、一瞬の間を置いてから三塁へ矢のような送球。三塁手の松岡康典が走者にタッチ。三塁走者はリードから戻り切れず、タッチアウト。ピンチを脱出しました。

捕手の福浦と三塁手の松岡に「三塁けん制の練習はよくやったけど、あのタイミングでの練習は、今までにやったことがない。よくできたな」と言うと、福浦は「松岡と目が合って、『来い！』と語っていました」。松岡も「福浦の目が『行くぞ！』と語っていました。絶対に来ると思っていました」と答えました。

福浦は、のちにこのプレーについて詳しく語ってくれました。

「二死三塁になって、右バッターが初球のボール球を見逃しました。そのときに三塁ランナーを見ると、第2リードを取ったあと、ホームに正対して止まっていました。そして、フッと力が抜けている瞬間があるのに気がつきました。あれだけ正対すると、戻るのに時間がかかるだろうなと思ったんです。ただ、第2リードの大きさがわからなかったので、けん制するかどうか迷っていました。するると、松岡と目が合った。それで、どうやってけん制したら、アウトにできるかを考えました。一つは、バッターに隠れるようにして、投げる姿をランナーから見えないようにしよう。もう一つは、捕ってすぐではなく、ランナーが力を抜いた瞬間を狙って、投げよう。それで2球目のあとにアウトにできたんです」

この試合では、もう一つのすばらしいプレーがありました。

6回表に竹林俊行の適時打で1点を加えて、3対0で迎えた6回裏。中央大の攻撃は一死二、三塁。打者は左打ちの亀井義行（現巨人外野守備兼走塁コーチ）でした。その2球目に、竹林が投げた外角へのチェンジアップがワンバウンドに。ボールが右バッターボックスの凹んだところに当たりました。福浦は捕逸や暴投の少ない捕手でしたが、イレギュラーバウンドしたため、ボールはプロテクターに当たり、三塁側ベンチ前へ転がっていきました。

福浦はすばやく反応して、ボールを追った。竹林も機敏に動いて、本塁のベースカバーへ。福浦はスライディングしてボールを拾い上げると、すぐさま走ってくる竹林へ投げました。タイミングはアウトでしたが、勢いがつきすぎた竹林が送球を捕れず、ボールは一塁側のベンチ前に転がっていきました。

「やられた！　もう1点入る」。そう思った瞬間、送球の延長線上に一塁手の波多野がバックアップに入っていました。波多野はボールを捕ると、すぐに二塁走者が三塁をオーバーランするのを狙って、三塁へ投げかけた。しかし、とっさに「三塁へ投げたら、その瞬間にランナーがホームを狙う」と判断して、投げませんでした。あとで波多野に「どうしてあそこにいたんや？」と訊くと、「来ると思っていました！」という答えが返ってきました。

暴投で3対1にはなったものの、波多野のプレーと好判断で2点目を阻んだのが大きかった。その後に一死二、三塁とピンチが広がりましたが、左翼手の山野悠樹（鹿児島信用金庫）の好プレーで追加点は許さず。9回に波多野の適時打で1点を加えて、4対1で勝利しました。

まさに「小よく大を制す」を体現した試合でした。この勝利で準決勝進出を決めると、そのまま勢いに乗り、準決勝で日本体育大、決勝で慶應義塾大を破って、2年連続3回目の優勝を果たしました。

この中大戦の三塁けん制とバックアップは、選手たちが練習を通じて培った観察力、対応力の賜物です。

②1988年　春季高校野球奈良大会準決勝　桜井商業高対大淀高

オーバーランを狙った好プレー　1

私が監督として桜井商業高を指導して8年目の一戦です。

9回裏、桜井商業高が1点リードして、大淀高の攻撃を迎えました。一死二塁。打者の打球は投手の右横を抜け、中堅へ抜けようかというところでした。

この打球を、二塁手の小林聖壱が逆シングルで捕りました。私は「一塁に投げるだろうけど、間に合わないだろう」と思って見ていました。

しかし、小林はためらうことなく三塁へ。三塁手の寺林弘和も小林の動きをよく見て、準備していたと思います。捕球して、三塁ベースをオーバーランした走者にタッチしてアウト。次打者を抑え、ゲームセット。決勝進出を決めました。

小林は日ごろから頭脳的なプレーをよくやっていました。突然バットを短く持ったり、打席内で位置を変えたり、右打者なのに左打席に立ったり……。ファウルでよく粘り、四死球が多い選手でした。守備でも「やられた！」と思った打球に対して、「そんなところにいるか？」という守備位置でボールをさばき、ピンチを度々救いました。野球が大好きな少年でした。

オーバーランを狙った好プレー　2

東亜大は1勝すれば優勝、福山大は連勝すれば逆転優勝という状況で迎えた最終節の初戦。東亜大が1対0でリードして迎えた9回裏の福山大の攻撃でした。

九番打者が初球を打ち、安打で出塁。無死一塁から一番打者はヒットエンドラン。打球は一、二塁間を抜けて、右前への安打になりました。

捕球した右翼手の中東直己は三塁へ矢のような送球。三塁手の河野申大（鹿児島相互信用金庫）がタッチしました。しかし、三塁の塁審が「セーフ！」のジャッジ。河野は二塁へ向かっている打者走者をアウトにするために、二塁へ投げようとしていましたが、このコールに驚き、途中で投げるのをやめてしまった。投げれば完全にアウトにできていたと思います。審判の判定は別にして、ダブルプレーのはずが、無死二、三塁になりました。

次打者に対して投手の小森俊幸が投げたボールがワンバウンド。捕手の谷一真（ＪＦＥ西日本）は捕逸や暴投の少ない選手でしたが、ボールを後逸して、まず同点。

谷は「ああ、やってしまった」という姿でボールを追いましたが、ボールを拾った瞬間に、すばやく三塁へ送球しました。わざとスキを見せて二塁走者の油断を誘い、オーバーランするところを狙っていたのです。

タイミングは完璧にアウトでした。ところが、三塁手の河野がこの送球を捕れず、グラブではじいたボールが転々と左翼へ。あっという間のサヨナラ負けでした。

一見、雑に見える谷のプレーですが、試合後に私は褒めました。

「負けたことは悔しい。でも、大きな勝負がかかった試合でよくぞ思い切ったプレーができた。この考えは絶対次につながっていくぞ」

翌日の2回戦で僅差をものにして、優勝。大学選手権ではベスト8まで進出しました。谷は運動能力も高く、野球センスも抜群。高校時代は二塁手でしたが、本人の希望で捕手にコンバートした選手です。大学選手権でも活躍。大学日本代表のメンバーに選ばれ、日米大学野球選手権にも出場しました。

④2002年　中国地区大学野球連盟春季リーグ戦　東亜大対岡山商科大

オーバーランを狙った好プレー　3

東亜大が1点リードで迎えた終盤、岡山商科大の攻撃。一死二塁から、一、二塁間を抜けそうな打球が転がりました。

この打球を、一塁手の河野中大が逆シングルで捕球。一塁のベースカバーに入る投手にトスするのかと思いきや、三塁へ送球しました。三塁手が捕球して、三塁をオーバーランした二塁走者にタッチして、アウト。後続を断ち、勝利しました。

河野は器用で賢く、小技の利く選手。このようなプレーは、随所に見せていました。

⑤２０１１年　春季高校野球山口大会２回戦　高川学園高対熊毛南高

日ごろの練習が生んだ三重殺

この当時、私は高川学園高で監督を務めていました。

同点で迎えた終盤、熊毛南高の攻撃は無死二、三塁。高川学園高の内野陣は前進守備。打者は二ゴロを打ちました。

二塁手は、本塁へスタートを切った三塁走者を刺そうと、バックホーム。そこでランダウンプレーが発生しました。

送球を受けた捕手は、走ってきた三塁走者を三塁ベース近くまで追い、三塁手に送球。そこに、二塁走者が三塁へ走ってきた。三塁手は、二塁走者が三塁を踏む前にタッチして、１アウト。すぐに向き直り、三塁へ戻ってくる三塁走者にタッチして、２アウト。すぐに打者走者に目を向け、一塁を回って二塁へ向かおうとしているのを確認すると、二塁ベースにいる二塁手に送球。二塁手が打者走者にタッチして、三重殺が完成しました。

これとまったく同じプレーを練習でやっていたわけではありません。しかし、似たようなプレーは何度も練習していました。それを選手たちが応用して、相手を見ながらプレーしてくれました。

負けから学び、強いチームをつくる

指導者は野球を広く見つめ、深く研究する必要があります。単に「ホームランを打った」「ヒットが出た」「三振を奪った」といった結果だけを追い求め、「勝った」「負けた」と一喜一憂していては、野球の奥深さの追求など、できるものではありません。

勝った試合で勝因を語るよりも、負けた試合で敗因を探り出し、これからの力にしていく。その積み重ねがチームを強くしていきます。

勝った試合は、いくら反省しても「よかった、よかった」ということで、意識に浸透しません。「勝ち」のなかには「不思議な勝ち」がたくさん存在していることも知らなければなりません。こちらは負けを覚悟しているのに、相手が信じられないミスをする。相手が自分から転んで、こちらに勝利をプレゼントしてくれる。そういう「不思議な勝ち」です。

その点、「負けに不思議の負けなし」です。負けた試合には失敗や考えかたの間違いが多くある。その1球、ワンプレーが身にしみます。身にしみれば、自分を変えるきっかけになります。負けた試合こそ本当の意味で反省するチャンスであり、成長するチャンスです。

たとえば、走塁ミスで負けたとします。まずその走塁そのものが責められるべきですが、「なぜそういう走塁になってしまったのか?」「普段の練習は十分だったのか?」など、原因を一つひとつ検証して、次に備えることがチームを強くするうえで非常に大切です。

ただし、終わってしまったことをとやかく言っても、不安材料を引き出すばかり。そうではなく、将来のあるべき姿を見つめて反省すれば、明るい材料がたくさん出てくるものです。

原因は押さえつつ、いつまでもグズグズとそこにとどまらない。「二度と同じミスを繰り返さない」という精神を心に植えつけ、徹底して練習していく。そうして強くたくましくなっていくことで「負け」は必ず生きていきます。

「負け」をただの「負け」にとどめない。**「負け」を生かして「勝ち」につなげる。**指導者としてそこを常に考えていくことに、喜びを見出したいものです。

忘れられない敗戦

負けることは、誰にとってもつらいものです。私にも、忘れられない敗戦があります。

高川学園高の監督を務めていた2013年夏の山口大会決勝戦。岩国商業高との試合です。最後の打者が力のない左飛に倒れ、1対2で敗戦。甲子園出場を逃しました。

この年の春は山口大会で優勝。中国大会も制しました。私は一つの大会が終わると、選手のコンバートをします。そうすることによってチーム内に新しい風を吹かせ、次の目標に向かって新鮮な気持ちで臨む。キャプテンを代えたこともありました。

しかし、この年は春の大会を終えてから、どうしてもこの決断ができませんでした。中国大会で優勝したチームをさらに育てて、夏も優勝する。心のなかでそう考えていました。要は、心と考えが守りに入っていたのです。今までの自分ではない自分で、春の中国大会以降を過ごしてしまいました。

高川学園は中高一貫の学校です。私が着任したのが２００９年。２０１０年から、学園の強い願いで中学の野球部が発足。その１期生が高校に進級してきたのが、この２０１３年でした。

私は、中学の野球部でエース兼キャプテンだった選手を、高校1年生の春から「一番・捕手」で起用しました。中高一貫校なので、中学3年生の10月から高校生と合流していっしょに練習ができます。それが幸いして、彼は入学早々にもかかわらず、春の中国大会で頂点まで上り詰めたチームの要として、役割を果たしてくれました。

ただ、私は一つだけ気がかりなことがありました。それはバッテリーを組んだ3年生の投手が、サイン交換の際にやたらと首を振ることでした。

ある日の練習試合でサイン交換の時間が長く、なかなか次に投げる球が決まらない。あまりにもリズムが悪いので、チェンジになってベンチに戻ってきたとき、3年生の投手を理由も聞かないまま「下級生といえども、キャッチャーのサインに首を振るな！」と頭ごなしに説き伏せました。これが間違いだったと知るのは、夏の大会が終わってからのことです。

私はすっかりこの1年生捕手に安心しきっていましたが、投手はもちろん、ほかの野手たちも彼が出すサインの一つひとつが不安だったそうです。ほかに捕手がいなかったわけではない。野手として起用していた選手のなかに、捕手経験のある優秀な選手がいました。

春の大会を終え、「いつかはコンバートしなければならない」と思いながらも、一日一日が過ぎ、とうとうコンバートせずじまいで夏を迎えてしまった。それともう一人、夏の大会に起用したかった2年生がいたのですが、結局は起用しませんでした。

この2つのポジションでコンバートをしていたら、春とはまったく違ったチームとなって、夏に挑めていたかもしれません。そういうコンバートを常にやってきたのに、この年はできなかった。というより、やらなかったのです。今になって振り返るとよくわかるのですが、この頃は本来の自分を見失っていました。

この決勝戦では、なかなか経験できないプレーもありました。

岩国商業高の外野手は、極端なシフトを敷いてきました。右打者のときは左翼手が左中間、中堅手が右中間、右翼手が右翼線を守る。左打者のときは、左翼手が左翼線、中堅手が左中間。右翼手が右中間を守っていました。

2回の無死一、二塁の場面。カウントはフルカウント。この状況では、ランエンドヒットを仕掛けるのがチームの鉄則でした。選手たちはそのとおりに動きました。

その結果、打球は右翼線へのライナー。通常であれば長打になるコースですが、極端なシフトのため、ライト真正面への当たりとなり、9－3－6の三重殺。一瞬にしてチャンスが消えてしまいました。

このプレーが勝敗を決したように言われますが、私はそうは思っていません。確かに三重殺は痛かったのですが、そのような痛いプレーは、過去に何度も経験しています。しかも、イニングはまだ2回。流れを引き戻す時間は十分に残っていました。選手たちもこれぐらいのことには耐えられる。辛抱して戦うように日ごろから鍛えていましたし、勝負強さに自信も持っていました。

コンバートして、新しい体制で夏に臨む準備をしていなかった。監督としての先見性のなさが敗因です。

チームを強くする。優勝に導く。その前提には人が育つ環境づくり、状況づくりをしていかなくてはならない。これは監督としての私の根底にあるものです。目先の勝ちにこだわりすぎたために、その根底にある大切なものを忘れていました。大切な試合を逃してしまい、選手たちには本当に申し訳ない思いでいっぱいです。

この手痛い敗戦を薬として今後に生かしていくには、とにかくやり続けていくしかない。そう誓った試合でした。

枠からはみ出ろ

世の中にはルールがあり、常識があります。人は、この枠のなかで生きていこうとします。しかし、私は**ときには枠からはみ出ることも大事**じゃないかと思います。

枠からはみ出るどころか、両端の枠に触れることさえせず、ど真ん中を歩く人が多い。その人生は面白いでしょうか？　その人生は自分を成長させるでしょうか？

一度しかない人生です。勇気を出して、両端を歩いてみたらどうですか？　たまには枠からはみ出てみたらどうですか？　ただし、はみ出しっぱなしにならないように、戻って来てください。

今は「これをするな」「あれをするな」と言われる時代です。でも、やってみないとわからないことがたくさんあります。これは野球にも言えること。第3章でホームスチールをやってみた選手の話を覚えていますか？　自分がやったことがないことでも、やってみるのが大事だと思います。

徳島県立富岡西高が甲子園に出場したときの捕手・粟田翔瑛は、枠からはみ出て、自由な発想ができる選手でした（P261参照）。

彼は本来は右打者なのですが、東邦高との試合では3回表に左打席に入り、セーフティーバントの構えも見せました。1ボール2ストライクと追い込まれてから右打席に戻りましたが、あれには相手も驚いたでしょう。「石川昂弥投手からなんとかして四球を取ってやろう」という工夫でした。感性を大事にするシン・ノーサイン野球ならではのプレーです。

先を読み、見えないものを見る

ファーストストライクから打っていけば、「積極的な野球」。じっくりボールを見極めて1球待てば、「消極的な野球」と言われます。

「初球からいいボールを逃すな！」と言われますが、その初球で打者が中飛を打ったらワンアウト。次打者が初球で遊ゴロを打ったら、2球でツーアウト。その次の打者が初球で捕邪飛を打ったら、たった3球でチェンジです。それでいいのでしょうか（誤解してほしくないのですが、アウトになった結果を責めているわけではありません）。

初球を打ちにいくということは、ファウルか空振りでない限り、その打者の打席はそこで終わり。次の1球は、次打者への初球になります。しかし、1球待てば、次の1球は自分の2球目になる。シン・ノーサイン野球では、そう考えます。

1球待つと、見ている人から「なぜ待つんだ。積極的に打て」と言われます。でも、そうではありません。**待つというのは、実は「選択する」ということ**なのです。

投手がどんな球を投げてくるのか。1球先を読もうと思ったとき、初球を打ったら「次」がなくなります。1球待てば「次」が選択できます。その1球を根拠にして、2球目が読める。これが「先を読む」ということです。見ようと思えば、見えない世界が見えてくる。そこに待つことの利点があります。

打者には、3ストライクまでの権利が与えられています。ボールも含めれば、フルカウントまで、つまり6球分の権利がある。シン・ノーサイン野球ではその権利を使って1球待ち、「次」を選択するのです。

勝てるピッチャーとは？

投手は試合の勝敗の鍵を8割以上握っています。好投手がいるところに優勝あり。好投手が育てられるかどうかで、チームの方向性も将来性も変わってきます。

そのことを心において、できるだけ学年に一人ずつ、柱となる投手を育成していくことが肝要です。

投手の仕事で一番大切なのは、打者に早めに打たせて、アウトにすることです。近年の野球を見ていると、打順に関係なく、もっと言えばアウトカウントや試合の流れに関係なく、初球から打ってくるチームが多くなっています。そこを利用して、初球を打たせてアウトに取れれば最高です。そうでなくても、ファウルを打たせてカウントを稼ぐなど、早めに追い込めば投手有利のカウントで勝負できます。

ボール、ボールと続いていくと、投手のほうが追い込まれていく。四球を出すのが嫌だから、どうしてもボールが甘くなる。球数が多くなり、自分が苦しくなります。さらに守っている野手や、ベンチから声援を送ってくれている仲間たちのリズムも悪くなるので、勝つのが難しくなります。**好投手育成の第一は、キャッチボールです。「相手の胸を見つめて、投げる」**。これは永遠に変わることのない基本。この基本を徹底して、ストライクゾーンに10球中10球投げることができる力を養っていきます。

打たせて取る投球術を身につけるには、実戦練習が一番です。ブルペンでいくら投球練習をしても、そこには打者もいなければ、球審もいないことがほとんど。ブルペンは所詮ブルペン。この事実を考えていない指導者、選手がなんと多いのでしょうか。

「ブルペンでの投球練習は大切ではない」ということではありません。打者と対戦することが重要という考えになれるかどうか？　ペッパー、フリー打撃、1ヵ所バッティング、紅白戦など、つねに実戦に近い状況を設定して、打者に対して投げることが大切です。

最終的には、捕手の要求どおりに制球する力を身につける。言いかえると、投手自身が思うように投げられるコントロール。これが大切です。ここまでくれば、球速や変化球のキレに関係なく、勝利に導いていける投手になります。

試合では、走者を背負うことが必ずあります。セットポジションからの投球は入念に練習する。あわせて、クイックモーションやけん制球も必要です。

もう一つ、大事なことがあります。それは**「投手は最高の野手であれ」**。投手を「9人目の野手」ではなく、守備の第一人者にしていくのです。そのために監督が自らノックをしたり、ボールを転がしたりして、フィールディングのすばらしい投手へと育てていく必要があります。

センター返しの打球を投手が捕りにいこうとするのか、二ゴロもしくは遊ゴロだと思って野手に任せるのか。この違いがわかれば、野球が変わってきます。前述している部分もありますが、少し詳しく説明しましょう。

「打撃の基本はセンター返し」と言いますね？　つまり、**打球は投手方向に向かってくることが多い。その打球を投手が処理できるようになると、内野手の失策が減ります。**というのは、試合が進むと二塁ベース付近は土の状態が荒れていることも多いため、投手の横を抜けた二ゴロ、遊ゴロは捕るのが難しいからです。

また、中堅へ抜けそうな打球を投手が捕ってくれれば、二塁手と遊撃手の守備位置が変わります。たとえば、遊撃手は二遊間も三遊間も守ろうとすると難しいですが、10のうち、二塁ベース方向は投手に任せるから2割、三塁ベース方向は8割くらいの気持ちで守れたら、三遊間を抜ける安打が減ります。二塁手も同様です。

二遊間の失策と被安打数が減れば、おのずと失点も減ります。だから、投手は守備がうまくならないといけないのです。

捕手の育成にはバントゲームが一番

私の母校・広陵高校（広島）の大先輩である三浦芳郎さん（故人）がチームづくりに関しておっしゃった言葉が、私の心に深く残っています。

「全国レベルで戦えるチームづくりをせよ。そのためには、まずセンターラインの強化。特にバッテリーの強化を図れ」

「好投手のいるところに優勝あり」とも「名捕手のいるところに優勝あり」とも言われますが、バッテリーという軸がしっかりしていれば、勝利は見えてきます。

捕手は、第二の監督。グラウンドでのリーダーとも言われます。捕手は、ほかのどのポジションよりも、ゲームに関与しています。野球のプレーは投手が投げることで始まりますが、その投球を要求するのは捕手です。ほかの野手への指示もしなければなりません。

投手同様、捕手を育てることはチームの将来を大きく左右します。私の経験から言うと、優れた捕手が育ったときは、その捕手が投手を育てていきます。そして、**第二の監督である捕手を育てていくことは、指導者自身を育てていくこと**にもつながっていきます。

では、どのように捕手を育てていくか？

一番いい練習方法が、バントゲームです（P54参照）。

実は、バントゲームは野球界の大先輩である岡田悦哉さん（故人）から教わった練習方法です。岡田さんは関西高から明治大に進み、卒業後は丸善石油に入社。1959年には選手兼監督として、都市対抗初優勝に導きました。その実績と指導力を買われて、プロ野球の世界に転身。広島、西武、中日で二軍の監督やスカウトを務められました。

岡田さんと初めてお会いしたのは、1994年。東亜大が明治神宮大会に初出場したときのことです。当時の岡田さんは、中日ドラゴンズのスカウトでした。神宮球場で名刺交換をさせていただいた際に「あなたは大変面白い野球をやられますなぁ」とおっしゃっていただきました。

その岡田さんに、2003年に山口県下関市まで1週間の予定で来ていただき、東亜大を指導していただきました。その際に教わった練習方法の一つが、バントゲームでした。

選手たちはバントゲームで確実にバントがうまくなりました。しかし、バントゲームはバントの技術を高めるため、走塁を磨くため、バントに対する守備を鍛えるためのものというだけではありません。

岡田さんは**「バントゲームは、キャッチャーを一流に育てる練習**なんじゃ」とおっしゃいました。

このゲームにおいて肝心なのが、特別ルールです。打者がボールを見逃した場合、あるいは空振りした場合には、捕手は捕球したあとに必ずどこかの塁にボールを投げなければなりません。走者がいる塁でもいいし、いない塁でもかまいません。このルールが、捕手を育てるのです。

私は、大先輩の目の置きどころにただただ驚きました。その大切さを知ってからは、私は徹底してこのバントゲームを練習に取り入れました。

このバントゲームによって捕手が育ち、2003年の明治神宮大会での9年ぶり2回目の日本一、翌2004年の明治神宮大会での2年連続日本一を達成することができました。

バントゲームは、実戦にすこぶる強い捕手、文字どおり「日本一」に導いてくれる捕手を育成するのに最も適した練習方法なのです。

指導はマンツーマン

岡田さんの指導はすべてが新鮮で、内容が濃いものでした。何気なくやっているキャッチボール、ペッパーなどを通して選手たちに伝える言葉の豊富さと、引き出しの多さ。その一つひとつが貴重な宝物として、私の心とからだに染み込んでいます。

岡田さんの言葉で、私の心に残っている一言があります。それは**「指導はマンツーマン」**。徹底して選手につきあうこと。自分の心を甘やかさないことを教えていただきました。

それからというもの、私は選手のなかから一人を選び、打撃力をつける目的でマンツーマンでの指導をするようになりました。バッティング練習ほど、指導者がつきっきりで指導できる技術練習はありません。

その「第1号」が、現在の東亜大で監督を務めている宮本でした。彼がキャプテンだった200

3年の夏につきっきりで練習したのは前述のとおりです（P243参照）。

宮本は右方向にファウルを打つ特訓のほかにも、ティー打撃でひたすらバットを振りました。私がボールを5つ持って、1球ずつトスする。宮本がネットに向けて5球連続で打つ。ボールケースにはだいたい140球前後のボールが入っていました。それを無言のまま、ひたすら20ケース分、打ち続けました。右打ちと左打ちでバランスよく打つ。合計で3000回近いスイングになります。この練習に取り組み始めた当初は、5時間以上かかったように思います。

来る日も来る日も、宮本は打ち続けました。大変だったと思いますが、宮本は弱音一つ吐かず、やり続けました。

宮本だからこそ、この練習ができたと思います。それぐらいやると、バットを振る力がつく。私は「成果あり」と手応えをつかみました。それが実ったのが、あの早大戦での満塁本塁打です。

宮本と過ごした時間で、私は「指導はマンツーマン」を、身をもって学びました。

走塁は大きな攻撃力になる

1991年の東亜大野球部の創部にあたり、私が目指したのは社会人・日本生命の野球でした。当時の監督は、井尻陽久さん（元東海大監督）。とにかく野球にスピード感がありました。十河章浩選手（元日本生命監督）、大島公一選手（元オリックスほか、現法政大監督）をはじめ、俊足ぞろいでした。何より全員が常に全力疾走していた。私はこれをチームに植えつけようと考えました。

そこで、創部時に数名の選手の練習参加をお願いしました。日本生命の練習はスピードと迫力があり、活気に満ちていました。練習の後半に、ベースランニングで一塁を駆け抜ける練習がありました。全員が全力で走っている。「いつになったら終わるのかな？」と思うくらい、延々と続きました。

井尻監督に聞くと「うちはピッチャーゴロでもファーストゴロでも、絶対にあきらめない。一塁ベースを駆け抜けるまでセーフになることを信じて、全力で走り抜ける。これができない選手は使わない。試合中、少しでも気を抜けばすぐ交代させせます。これは新人もベテランも関係ない。徹底してやっています」と言われました。

そして「多いときは、この練習を１００本やりますよ」と付け加えられた。これにはさすがに驚きましたが、私はこの走塁を東亜大の攻撃の柱にする思いを強くしました。

東亜大の走塁にさらに磨きをかけたのが、福本豊さん（元阪急）との出会いです。

１９９４年。松下電器（現パナソニック）の春季鹿児島キャンプにある選手を参加させてもらうため、引率して現地に向かいました。このキャンプに、特別臨時コーチとして松下電器出身の福本さんが来ておられたのです。

以下に福本さんに教わったことを挙げます。

⑴ベースランニングは、最短距離を走る。福本さんが4つの塁を図で書き、「ベースを回るときは、けっして大きく回らず、直角に曲がる」と説明されました。「最短距離は、ベースとベースを結ぶ直線上」と力説されていました。

⑵一塁ベースを駆け抜けるときは、左足でベースの手前の右側の角を踏む。打球をある程度まで目に入れながら、打ってから3歩走ったら、トップスピードになる。野手の送球は、一塁手の動きによって判断する。ボールの高低、横にそれるかどうかなど、すべて一塁手が教えてくれる。

一塁ベースを踏んだら、ファウルラインに沿って真っすぐ走り抜ける。悪送球だったら、そこからすぐに二塁に向かう。ベースを踏んでから一塁側のファウルゾーンに向かって走ると、悪送球になったときに二塁に向かうのが遅れる。

⑶一塁に出塁した際は、投手を見ながら、すばやく第1リードを取る。左足のつま先を一塁と二塁を結ぶライン上に置く。右足のつま先は二塁方向に少し開き気味に向ける。これが最短距離のスタートの位置取りである。ここで相手の守備位置や動きを把握する。特にバッテリーを含め内野陣の動きを把握すること。外野はベースコーチに任せてもいい。

⑷第1リードを取ったら、投手、捕手、打者を自分の視界に入れる。投手がセットポジションから動き始めたら、そのまま目線を動かさずに、球筋を追っていく。そうするとインパクトの瞬間に合わせやすい。これは難しいが、いいスタートを切るには絶対に大事。十分な訓練が必要である。

⑸第2リードは、盗塁をするかしないかが基準になる。走らないのであれば、投手のセットポジションからの動作をよく見て、完全に打者に向かって投げるということを確認してから、必ずサイドステップで第2リードを取る。クロスオーバーステップはしないこと。第2リードを取るタイミングは少し遅れてもかまわない。

⑹第2リードで一番肝心なのは、インパクトの直前にサイドステップで空中にいること。その間に打球を判断して、着地した瞬間にスタートを切るか、戻るかする。この空中動作は、空中にいる瞬間に自分の体の前で拍手をすると、覚えやすい。

⑺塁を回るときのベースの踏み方について。たとえば二塁からワンヒットで三塁ベースを回ってホームへ還るとき、ベースを踏む前も、踏んだ後も大きくふくらまないこと。できる限り直角に近いイメージで回る。ベースを回るときは、スローイン、ファストアウト。ベースに直線的

に向かっていき、手前で少しスピードを緩める。そしてベースを踏んだ瞬間に強く蹴って、すぐトップスピードになる（ベースを陸上競技のスターティングブロックのように活用する）。ベースを回ったあとも大きくふくらまないように、いち早く最短であるラインに沿って走っていく。

⑧あきらめずに、自分で決めつけないで「絶対にセーフになる」という心構えで取り組んでいけば、走塁技術は必ず磨かれていく。加えて、状況判断は試合形式の練習のなかで繰り返しおこなっていくことを忘れないように。

福本さんの指導は、感動的でした。なんと言っても、世界の盗塁王です。一つひとつの言葉に説得力があったし、重みがありました。このときの福本さんに教えていただいたことが、私の走塁指導のベースとなっています。

自分との約束を守る

以前の私は、毎日毎日酒に溺れるような大酒飲みでした。酒は私の人生にとってなくてはならないもの。中野泰造と言えば、野球と酒。もしかしたら、酒のほうが先にくるのではないかと思われるほど、よく飲んでいました。

どこかに逃げ道を求めていたのだと思います。「体に気をつけて」「飲み過ぎないように」。そう言われても右から左。熱が出ようが、体調が悪かろうが、毎日飲んでいました。

66歳になろうとしていた、2020年の5月のある日の夜。いつものように食卓に缶ビールが用意されていました。何気なくビールをコップに注ごうとした瞬間でした。

「酒飲んどる場合じゃない」という声が聞こえてきたのです。

「えっ？」と思いましたが、その声のままに「今日はビール、やめておこう」と言いました。妻が「体調が悪いの？」と心配しましたが、「いや、そういうわけじゃない。今日はやめておく」と答えました。

次の日、ずっとそのことを考えていました。確かに声が聞こえた。あれは誰の声だろう？　自分が思ったのかな？　その夜も妻が食卓に缶ビールを出してくれましたが、「やめとく」と言いました。「どうしたの？」と心配そうに訊く妻に、「飲んどる場合じゃないから」と言いました。その3日後には妻に「もうお酒は買わなくていい」と言いました。

酒をやめたその日から、何ヵ月か経ったある日。考えごとをしていると、ふと気づきました。〈そういえば、あのとき「酒飲んどる場合じゃない」のあとに「よ」がついていたな。正確には「酒飲んどる場合じゃないよ」だった。そうすると、あの内なる声は私ではない誰か、目に見えない誰か、大きな力の声だ！　おそらく私にはこれからやるべきこと、やらなければならない仕事がある

のだろう。そのためには健康第一。体が資本だ。「これからますます人のために働きなさいよ」という天の声だったに違いない〉

あの声を聞いた日から、私は酒を一滴も飲んでいません。教え子の結婚式に出席しても、飲みません。教え子は、みんな驚きます。でも、自分との約束は絶対守らないといけないから、飲みません。

みなさんは、約束を破ったことがありますか？

そう聞くと、ほとんどの人がほかの人との約束について思いを巡らせます。友だちとの約束。親との約束。恩師との約束。上司や取引先との約束……。誰も「自分との約束」のことを言いません。

でも、**自分との約束が、最も破ってはいけない約束**ではないですか？

それまでの私は自分との約束をいっぱい破ってきました。でも、あの内なる声が聞こえてから、自分との約束を守るようになりました。

みなさんには、こんな経験はないですか。「昨年は正月に、今年はこれをやろうと心に誓ったけれど、達成できなかった。だから、今年もまた……」。ほとんどの人が「ある」と言います。それは、自分との約束は破ってもいいものだと考えているからです。

あの内なる声は「これから為すのは大きい仕事。責任重大な仕事が待ち受けている。酒なんか飲んでる場合じゃないよ」というお告げだった。そう信じて、私は自分の使命をまっとうしようとしています。この本の執筆も、そのうちの一つです。

情熱なくして指導者にあらず

ここまでお伝えしてきたように、ノーサイン野球をチームに浸透させるには、時間と労力がかかります。指導しながら、粘り強く伝えていくしかありません。

第2章から第4章でお伝えした「集合」。ああいう話が、しつこいくらい続きます。グラウンドでの野球の授業。それが私の指導です。若い頃から情熱を持ってやってきて、確立されたスタイルです。

これは私の信念なのですが、指導者が大事にしないといけないのは、情熱です。情熱なくして、指導者にあらず。どんな壁にぶつかっても、どんなに環境が整っていなくても、情熱があれば絶対に道は開けます。

私が23歳で指導者になってから現在までに、いろいろなことがありました。情熱がなくなりかけたこともありましたが、その灯火は消えていませんでした。灯火は、くすぶっていても、息を吹きかければ火が大きくなります。自分で水をかけて灯火まで消してしまうと、再び燃やすのは難しいでしょう。何があっても、絶対にあきらめてはいけないのです。

情熱のある人は、まわりから「あの人、変わっているな」とよく言われます。実は、私もよくそう言われます。自分自身では、変わっているとは思っていないのですが……。指導しているうちに、「野球の指導は、変わり者にしかやれないんだな」と、だんだんわかってきました。

「変わっている」というのは、ほかの人と違うということ。普通では収まらず、突き抜けている、枠からはみ出ているということだと思っています。

変わり者は、つまはじきにされます。しかし、今まで結果に結びついていないなら、変わるのが大事なのではないでしょうか。

チームにノーサイン野球を取り入れるということは、おそらく、今までやってきた野球を変えるということでしょう。

指導者が今までのやりかたを変えようとすると、必ずまわりから拒否反応があります。「今までよりも生ぬるい」「今までよりも厳しすぎる」「この野球で勝てるのか」「今までやってきた野球の精度を上げたほうが勝てるのではないか」「やりたいことはわかるけど、時間がかかりすぎる」……。本気でやろうと思えば思うほど、そういう声が出てきます。

それでも、**指導者は情熱の灯火を消してはいけません。勝つために、選手のために、くじけず、めげず、あきらめずに情熱を持ち続けてほしい。**結局のところ、勝っても負けても、何かを言われる。それが指導者の宿命なのですから。

おわりに

野球への情熱で夢を実現させていく

1991年3月26日。慣れ親しんだ奈良の地を車で後にして、大阪南港からフェリーに乗り、翌日に北九州新門司港に降り立ちました。そこから高速道路で山口県下関市へ。途中のサービスエリアでは、関門海峡を挟んで下関の街が広がっていました。その風景を昨日のことのように思い出します。

東亜大の野球部創部と同時に監督に就任。グラウンドもなければ、ボールもバットも何もない。そんなところからのスタートでしたが、不安はありませんでした。東亜大野球部1期生の13人が心の支え。夢と希望で胸がふくらみ、彼らといつも「日本一」を語り合っていました。

「日本一になりたい」。私が初めてそう思ったのは、1966年の8月24日のことです。当時、小学6年生だった私は、夏の甲子園の決勝戦をテレビで見ていました。愛知の中京商（現中京大中京）が愛媛の松山商に3対1で勝ち、優勝。主将が深紅の大優勝旗を受け取り、甲子園球場のグラウンドを一周しました。その光景と「あんなふうに日本一になりたい！」という思いが、私の心に刻まれました。

時が経ち、1994年11月9日。場所は変わって、神宮球場。初出場した第25回明治神宮大会で法政大、東海大に勝ち、決勝戦の相手は青山学院大。個々の能力、技術の差は歴然でした。

しかし、野球とは実に不思議なスポーツです。バッテリーを軸に四死球やエラー、ミスを減らす訓練を重ねていけば、自ずと失点が減る。その裏返しとして緻密な攻撃力が身につき、「小よく大を制す」ことができます。

4対3とリードして迎えた9回裏の守り。二死走者なしから最後の打者の打球が左翼へ。左翼手が捕る直前にベンチから選手全員が飛び出したので、私はボールがグラブに収まった瞬間が見えませんでした。それでも、日本一になったのは間違いありません。

選手たちがマウンド付近で歓喜の輪に包まれている。三塁側のベンチ前でその光景を見ながら、冷静に「日本一」を味わおうとしている自分がいました。

スタンドで応援していただいた多くの方々に心からのお礼の挨拶をしたあと、選手たちが私を胴上げしてくれました。何度か宙に舞いながら、透き通るような神宮の青空を見つめたとき、3つのことが頭に浮かびました。

一つは、お世話になった人たちの顔、顔、顔。もう一つは、明日からのチームのこと。そして、なぜか富士山でした。

閉会式。大会会長から手渡された優勝旗を主将の崔本竜浩が握りしめたとき、あの小学6年生のときにテレビで見た甲子園決勝の光景が甦ってきました。

「ああ、本当に日本一の場に立てたんだな、監督として」

至らない私に対して、たくさんの恩人がご指導くださいました。大学卒業後に指導者となってからは、故阿部章先生（時之栖スポーツセンターGM）、故二宮義人先生（元広陵学園学園長）、故櫛田薫先生（東亜大創立者、前理事長）、故杉原哲彦先生（元東亜大経営学部教授）、故林博太郎氏（元下関球場長）をはじめ、多くの方々に公私にわたりお世話になり、指導者としての心がまえ、考えかた、行動力などをご教示いただきました。

また、指導者になってからの40数年間で毎年、活力のある若者たちが私といっしょに野球を極めてくれました。

おかげさまで今日の私があり、私が選手たちと培ってきたシン・ノーサイン野球があります。こうして本書を著すこともできました。感謝の気持ちでいっぱいです。

チームの勝利に勝るものなし。本書が、みんなで勝利の喜びを分かちあうことに、少しでも役立てば幸いです。

私はこれからも情熱を持って、若者たちといっしょに野球に磨きをかけていきます。野球が地域に根づき、スポーツを愛するみなさんに喜びを与えていくチームスポーツに育っていく。そんな夢を実現させるために、全力を尽くす覚悟です。

２０２４年６月

徳島県　野球のまち阿南市にて　中野泰造

東亜大学　監督成績

＊チーム名の下のカッコ内表記は代表枠の略称

■2004年（平成16年）第35回大会

1回戦

東亜大学（中国・四国3連盟）　9－0（7回コールド）　朝日大学（北陸・東海地区）

	1	2	3	4	5	6	7	8	9	計
東亜大学	0	0	1	3	0	5	0			9
朝日大学	0	0	0	0	0	0	0			0

2回戦

東亜大学（中国・四国3連盟）　4－1　中央大学（東都）

	1	2	3	4	5	6	7	8	9	計
東亜大学	0	0	2	0	0	1	0	0	1	4
中央大学	0	0	0	0	0	1	0	0	0	1

準決勝

東亜大学（中国・四国3連盟）　6－0　日本体育大学（首都）

	1	2	3	4	5	6	7	8	9	計
東亜大学	o	0	2	1	0	0	0	2	1	6
日本体育大学	0	0	0	0	0	0	0	0	0	0

決勝

東亜大学（中国・四国3連盟）　3－0　慶應義塾大学（東京六）

	1	2	3	4	5	6	7	8	9	計
東亜大学	0	2	0	0	1	0	0	0	0	3
慶應義塾大学	0	0	0	0	0	0	0	0	0	0

中野泰造　明治神宮野球大会大学の部優勝

■1994年（平成6年）第25回大会

2回戦

東亜大学（広島六・西部地区）**2－0** 法政大学（東京六）

	1	2	3	4	5	6	7	8	9	計
法政大学	0	0	0	0	0	0	0	0	0	0
東亜大学	0	0	0	0	0	2	0	0	×	2

準決勝

東亜大学（広島六・西部地区）**5－4** 東海大学（首都）

	1	2	3	4	5	6	7	8	9	計
東亜大学	4	0	1	0	0	0	0	0	0	5
東海大学	0	1	0	0	0	0	0	1	2	4

決勝

東亜大学（広島六・西部地区）**4－3** 青山学院大学（東都）

	1	2	3	4	5	6	7	8	9	計
東亜大学	0	0	0	2	0	0	2	0	0	4
青山学院大学	0	0	0	0	0	0	0	3	0	3

■2003年（平成15年）第34回大会

2回戦

東亜大学（中国・四国3連盟）**4－1** 東北福祉大学（北海道・東北5連盟）

	1	2	3	4	5	6	7	8	9	計
東亜大学	1	1	2	0	0	0	0	0	0	4
東北福祉大学	0	0	0	1	0	0	0	0	0	1

準決勝

東亜大学（中国・四国3連盟）**7－3** 早稲田大学（東京六）

	1	2	3	4	5	6	7	8	9	計
早稲田大学	0	0	0	3	0	0	0	0	0	3
東亜大学	0	0	0	0	0	7	0	0	×	7

決勝

東亜大学（中国・四国3連盟）**10－9** 神奈川大学（神奈川）

	1	2	3	4	5	6	7	8	9	計
神奈川大学	0	0	0	2	0	0	2	4	1	9
東亜大学	1	0	6	0	1	0	1	0	1×	10

中野泰造（なかの·たいぞう）

1954年8月22日生まれ、広島県出身。
広陵高（広島）、天理大卒。
奈良県内の公立高校で13年間指導者を務めたのち、
1991年に創部した東亜大学の監督に就任。
明治神宮大会3度の日本一に導く。

その後、天理大学監督、高川学園高校（山口）監督、
鹿児島大学ヘッドコーチなどを経て、
現在は徳島県阿南市野球のまち推進課に所属。
市内はもとより全国で、ノーサイン野球を柱にした講習会を開催。
富岡西高校（徳島）の甲子園での活躍を後押しするなど
多くの結果を残している。

シン・ノーサイン野球《やきゅう》の授業《じゅぎょう》
チームを勝《か》たせる頭脳《ずのう》の磨《みが》き方《かた》

2024年6月25日　第1版第1刷発行

著　者／中野泰造《なかのたいぞう》
発行人／池田哲雄
発行所／株式会社ベースボール・マガジン社
〒103-8482
東京都中央区日本橋浜町2-61-9　TIE浜町ビル
電話　03-5643-3930(販売部)
03-5643-3885(出版部)
振替口座 00180-6-46620
https://www.bbm-japan.com/
印刷・製本／広研印刷株式会社

ISBN978-4-583-11591-7　C0075